北京工商大学经济学
博士文库

U0657068

中国财政政策
效应的测度研究

杨晓华◎著

知识产权出版社

内容提要：

　　财政政策作为宏观调控的重要政策工具，其目标和宏观经济政策的目标是一致的，即实现经济增长、充分就业和物价水平的稳定。因此本书把财政政策的效应定位于财政政策的经济增长效应，财政政策的就业效应和财政政策的价格决定效应三个方面，在占有大量国内外相关文献的基础上，以最近时期国外有关财政政策效应理论分析框架为基础，运用计量经济学有关方法，尤其是新近发展的面板分析技术和动态计量经济学的分析方法为研究工具，以对我国财政政策效应的测度为中心，利用财政政策和宏观经济的有关数据，对我国财政政策的效应进行理论分析和实证分析，试图把握财政政策理论发展的前沿，全面深刻地剖析我国财政政策的实施效应，以此实现对我国财政政策效应的全面综合的测度和评价。

责任编辑：兰　涛

图书在版编目（CIP）数据

　　中国财政政策效应的测度研究/杨晓华著. —北京：知识产权出版社，2009.9

　　ISBN 978-7-80247-832-9

　　Ⅰ. 中… Ⅱ. 杨… Ⅲ. 财政政策—研究—中国

Ⅳ. F812. 0

　　中国版本图书馆 CIP 数据核字（2009）第 167048 号

中国财政政策效应的测度研究

Zhongguo Caizheng Zhengce Xiaoying de Cedu Yanjiu

杨晓华　著

出版发行：知识产权出版社			
社　　址：北京市海淀区马甸南村 1 号		邮　　编：100088	
网　　址：http：//www.ipph.cn		邮　　箱：bjb@cnipr.com	
发行电话：010-82000893　82000860 转 8101		传　　真：010-82000860-8325	
责编电话：010-82000860-8325		责编邮箱：lantao@cnipr.com	
印　　刷：知识产权出版社电子制印中心		经　　销：新华书店及相关销售网点	
开　　本：880 mm×1230 mm　1/32		印　　张：7.5	
版　　次：2009 年 9 月第 1 版		印　　次：2010 年 5 月第 2 次印刷	
字　　数：179 千字		定　　价：24.00 元	

ISBN 978-7-80247-832-9/F・275（10286）

丛书编委会

（按拼音顺序）

总　序

　　北京工商大学是北京市重点建设的多科性大学，经济学院作为北京工商大学规模最大的学院之一，拥有一支结构合理、力量雄厚的教学科研队伍，教师中享受国务院特殊津贴的专家四人，近五年来学院教师出版专著 90 余部，发表学术论文 1100 余篇，承担国家级省部级课题 60 余项，为经济理论的创新和发展、为国家的经济建设作出了较大贡献。

　　在当今世界处于经济危机的大环境下，经济社会的发展必须依靠青年科技人才。作为培养青年人才的高等学府，高校更是需要注重青年教师的培养，只有赢得青年教师，才能赢得高校的未来和发展。北京工商大学始终以培养青年教师为基本发展理念。近年来，经济学院引进了一大批拥有较高专业素养和研究能力的博士、博士后，使学院师资队伍的职称结构、学历结构、年龄结构和学缘结构发生了巨大变化，作为学院教学、科研工作的新生力量和学术骨干，这些中青年教师正在各自的学科领域崭露头角，其中多位中青年教师步入北京市优秀教师、北京市中青年骨干教师、北京市跨世纪理论人才"百人工程"、"北京市跨世纪优秀人才工程"、北京市学科带头人的行列，在各自的专业领域内脱颖而出。

　　这些中青年教师都接受过系统的经济学教育，掌握了规范的经济学研究方法，具有较新的研究理念，部分教师在其研究领域还取得了创新性的成果。为了充分展示他们的学术成果、打造高端学术平台、提升整体科研水平、推动学院学科建设可持续发展，北京工商大学经济学院特组织院内部分专家、教授组成了"北京工商大学经济学博士文库"编委会，从这些中青年教师的研究成果中精选、汇集了一批在经济研究领域具有代表性的研究成果，并从学科建设经费中拨出专项资金予以资助出版。本套丛书是在学院中青年教师博士论文、博士后出站报告的基础上修改而成的，是学院中青年教师学术研究成果的一次充分展示，因此，具有较高的学术内涵和实践价值。

　　"北京工商大学经济学博士文库"的出版，一方面旨在保存和交流学术研究成果，鼓励学术研究，提高学院教师的科研积极性，通过本套丛书向社会推出一批学术精品，为解决现实经济问题献计献策，发挥现代高校应有的贡献；另一方面，通过资助在学术方面具有独到见解和创新思想的科研成果，培养优秀的高水平科研人才，提高学院学术队伍的整体实力，促进北京工商大学经济类学科建设的发展。

丛书编委会

2009 年 8 月

摘　要

1998 年 2 月，为应对亚洲金融危机，党中央国务院果断实施积极的财政政策，不仅有效抵御了亚洲金融危机的冲击，而且推动我国进入新一轮经济增长期。在世界经济增长不断减缓的大背景下，中国经济一枝独秀，持续保持着骄人的增长率。随着 2003 年我国国民经济走过由相对低迷向稳定高涨的拐点，GDP 增长速度跨入 9％以上的区间，并在 2004 年第一季度继续高攀至 9.7％，我国将积极财政政策转向稳健的财政政策。

2008 年，美国的次贷"飓风"引发了百年一遇的国际金融危机，与 1997 年爆发的亚洲金融危机相比，这次国际金融危机的影响更大，波及范围更广。对作为世界贸易大国的中国来说，外部冲击更大。统计显示，2008 年我国 GDP 增速从一季度的 10.6％下滑到三季度的 9.9％。自 2008 年下半年以来，国家财政收入增速明显下滑，全球经济衰退和外部需求下降也使我国外贸进出口增速放缓，10 月份增速更是 2008 年下半年以来首次回落到 20％以下。面对当前国际国内的严峻形势，保持经济平稳较快发展，防止出现大的起落，是中国经济发展的首要任务。温家宝总理指出实施积极的财政政策是当前应对金融危机最直接、最有力、最有效的办法。因此我国在实施适度宽松的货币政策同时，重启积极财政政策，并出台了 4 万亿元的投资计划。

面对我国不同时期不同的财政政策，一个令人关注的问题是：财政政策的实施取得了怎样的效果？如何测度和评价财政政策在我国经济发展中的重要作用？这些来源于实践的问题，同时也是极富理论意义的问题，构成了本书的研究中心。

本书在参考大量国内外相关文献的基础上，以最近时期国外有关财政政策效应理论分析框架为基础，运用计量经济学有关方法，尤其是新近发展的面板分析技术和动态计量经济学的分析方法为研究工具，以对我国财政政策效应的测度为中心，利用我国财政政策和宏观经济的有关数据，对我国财政政策的效应进行理论分析和实证分析，试图把握财政政策理论发展的前沿，全面深刻地剖析我国财政政策的实施效应，进而提出一定的政策建议。

财政政策作为宏观调控的重要政策工具，其目标和宏观经济政策的目标是一致的，即实现经济增长、充分就业和物价水平的稳定。本书运用财政政策变量从财政政策的经济增长效应、财政政策的就业效应和财政政策的价格决定效应三个方面分析我国财政政策的效应，以此实现对我国财政政策效应的全面综合的测度和评价。全文共分为七章五个部分。

第一章为第一部分，主要涉及本书的一些铺垫性和介绍性的问题，阐述对我国财政政策效应进行测度研究的重要理论价值和实践意义，介绍了财政政策的相关概念，界定财政政策的效应和测度方法，介绍了国内外典型文献对财政政策效应的研究情况，最后给出本书研究的总体思路、研究方法和基本结构。第一部分为本书后面的研究奠定了基础。

第二部分包括第二章至第四章，主要研究财政政策的经济增长效应。其中第二章研究支出政策的增长效应。在对国内外有关支出政策效应研究进展情况进行介绍的基础上，本章在 IS－LM 模型的框架内利用财政政策乘数理论，分析财政政策的乘数效应，借以分析支出政策的效应。乘数分析测算出了近 19 年各年的政府支出乘数、转移支付乘数和税收乘数，各乘数值都不大，在三种政策工具中，政府支出是最主要的政策工具。在实证地分析了财政政策的乘数效应之后，该章在 Barro（1990）模型的基础上，着重研究公共投资的增长效应，在对产出、私人资本和公共资本建立 VAR 模型的基础上，进行协整检验和脉冲响应分析。实证研究的结果表明我国的产出、公共投资和私人投资之间存在着唯一的长期稳定的均衡关系，公共投资对于产出进而对于经济增长具有正的效应。我国公共投资在短期内对私人投资具有挤进的效应，从长期看则具有挤出效应。挤出效应和挤进效应都比较弱。同时本章在 Barro 模型的基础上测算了我国的最优公共投资额。

　　第三章研究税收的经济增长效应。在对国内外有关税收经济增长效应研究进展情况进行介绍的基础上，本章对格雷纳模型进行了修正，运用面板数据分析的方法分析我国宏观税负与经济增长之间的关系。实证分析的结果表明东部经济带平均宏观税负较高，对经济增长的抑制作用比较显著，而中部经济带和西部经济带宏观税负低于东部经济带，其税收对经济增长的作用不显著。同时本章运用协整理论分析税收结构与经济增长之间的关系，分析的结果表明我国对资本征税显著地降低了人均 GDP 增长率，不利于经济增长。对劳动征税对人均 GDP 增长率没有显著的影响，对消费征税则显著地提高了人均 GDP 增长率，有利于经济的增长。

　　第四章研究国债和经济增长之间的关系。首先对国内外关于国债与经济增长关系在理论研究和实证研究的进展情况做一介绍和总结，指出国内研究的不足之处。接下来本章在 Greiner 提出的一个包含国债、赤字的内生增长框架内，建立了我国国债和经济增长的模型。实证研究对理论模型提供了强有力的支持，基于扩展 VAR 模型的因果关系检验结果表明我国国债的主要用途是公共投资，而非政府消费和转移支付，我国国债显著地促进了经济增长，理论和实证结果均表明国债促进经济增长的路径在于公共投资领域，而不是政府消费和转移支付。同时本章进一步研究了国债负担与国债的经济增长效应之间的关系，研究的结果表明我国目前的国债负担水平还没有构成太大的国债风险，其对国债的经济增长效应影响不显著。

第三部分由第五章构成，主要研究财政政策的就业效应。本章首先介绍了有关经济学流派关于失业的理论观点，并简要介绍了我国国内学者关于失业原因研究的一些基本结论。考虑到失业原因的多方面性、失业统计的不足和实证研究的特点，本章接下来的研究以财政政策对就业的影响为主线，同时考虑其他因素对就业的影响，实证地分析财政政策的就业效应。首先利用消费者市场理论建立了一个非加速通货膨胀失业率的动态模型，从理论上研究了财政政策对就业失业的影响。接下来运用协整理论进行实证分析，结果表明就业与财政政策、经济增长和 FDI 之间存在着长期的协整关系。财政政策中的宏观税率对我国总的就业和第二产业就业没有显著的影响，但是对第三产业的就业具有显著的负向影响。财政政策中的财政支出中预算支出部分对总就业没有显著的影响，对于第二产业的就业具有显著的负向影响，对第三产业则表现出很强的推动作用。预算外财政支出无论是对我国的总体就业，还是对第二产业和第三产业的就业水平，都具有显著的推动作用。同时研究结果还表明财政政策对第三产业就业推动作用要大于其对第二产业就业的推动作用。

第四部分由第六章构成，主要研究财政政策的价格决定效应。本章首先介绍了传统的价格决定理论——货币数量论，接下来介绍了国内外有关学者关于财政政策和价格水平决定的有关研究的进展情况。在 Woodford 价格水平决定的财政理论模型的基础上，本章利用协整理论和误差修正模型实证地研究了财政政策、货币政策和通货膨胀之间的关系。实证分析的结果表明我国通货膨胀、货币供给量增长率、财政赤字和财政支出之间存在着稳定的长期均衡关系，我国的通货膨胀，既有货币政策的原因，也有财政政策方面的原因。从长期来看财政赤字和财政支出的增加，都会带来通货膨胀率的提高。而从短期来看，通货膨胀的变动主要受其自身滞后项和财政赤字变动的影响，而货币供给量和财政支出在短期内对通货膨胀没有显著的影响。

本书第五部分由第七章构成。此部分对本书的主要观点和结论及主要创新点进行了总结，根据本书所得出的结论，提出了一些具有建设性的政策建议，希望能够为我国的财政政策在我国的宏观调控中发挥出更积极的作用提供一些借鉴。同时该部分还提出了未来需要进一步研究的方向。

本研究运用计量经济学有关方法，对我国财政政策的效应进行了较为全面的测度和研究，得出了很多有意义的结论。但是，尽管笔者反复雕琢，精益求精，研究仍然存在着很多局限和有待深入研究的地方，这些问题还有待于在进一步的研究中不断地克服和改进。

目　录

图表目录

1. 导 论

1.1 研究的背景及意义

1.1.1 研究的背景及问题的提出

1929 年发生在资本主义国家的大萧条，催生了凯恩斯主义的财政政策，财政政策倡导政府对经济活动进行宏观调节，以实现既定的经济和社会目标。自凯恩斯主义以后，很多经济学家以财政政策为主题进行了大量的研究。不论是凯恩斯学派，还是其后的其他各经济学流派，都十分重视对财政政策的研究。伴随着经济周期理论和财政政策理论的发展，政府在反周期波动中的作用越来越大，其宏观调控能力越来越强。

1998 年 2 月，为应对亚洲金融危机，党中央国务院果断实施积极的财政政策，不仅有效抵御了亚洲金融危机的冲击，而且推动我国进入新一轮经济增长期。在世界经济增长不断减缓的大背景下，中国经济一枝独秀，持续保持着骄人的增长率。面对2008 年由美国次贷危机引发的百年一遇的国际金融危机，我国政府审时度势，指出实施积极的财政政策是当前应对金融危机最直接、最有力、最有效的办法，准确而及时地重启积极财政政策，并出台 4 万亿元的投资计划。改革开放以来，我国运用财政政策进行宏观调控从总体上分为四个阶段。

第一阶段为改革开放以来至 1997 年。从政策类型来看，总体上实行的是以"减税让利"为主的"松"的财政政策，当通货膨胀严重时也实行过"紧"的财政政策，实际是"时松时紧"。1993 年为了治理严重的通货膨胀，为配合"紧"的货币政策，我国政府采取适度从紧的财政政策，并于 1996 年实现了"软着陆"，成功地抑制了通货膨胀和经济过热。1996 年后中央决定转向稳健的财政政策。在第一阶段，一方面由于财政收入占 GDP 的比重不断下降，国民收入分配格局向居民倾斜；另一方面，由于财政政策运行机制上存在着问题，财政政策的调控功能难以发挥作用。同时，中央银行制度的独立使得货币政策在宏观调控中形成了"独木撑天"的局面。

第二阶段是从 1998 年开始实行的为期 6 年的积极财政政策。1996 年以后经济形势没有出现预期的良好态势，宏观经济出现总需求不足的症状，经济增长速度下降。1996 年 5 月 1 日至 1998 年 7 月 1 日中国人民银行连续 5 次降低存贷款利率，但是总需求不但没有被刺激起来，反而表现出明显的不足，我国经济陷入了通货紧缩。加上由于 1997 年所爆发的亚洲金融危机所造成的外部金融冲击，我国的货币政策陷入了深深的困境，无法有效启动经济。为此，政府部门和理论界基本达成共识，那就是启用积极的财政政策来启动经济增长。

第三阶段是 2004 年至 2008 年上半年实施的稳健的财政政策。随着 2003 年中国国民经济走过由相对低迷向稳定高涨的拐点，GDP 增长速度跨入 9％以上的区间，并在 2004 年第一季度继续高攀至 9.7％。我国采取了一系列相应的宏观调控措施，具体到财政政策是将积极财政政策转向稳健的财政政策。稳健的财政政策是既不扩张也不收缩，在预算收支上有保有控，保持基本平衡。其政策含义在于宏观经济运行态势变化之后，现阶段还不宜简单采取"全面紧缩"的调控方法，既不能"不转弯"，又不能"急转弯"，而应当在稳健把握下着力协调，在调减扩张力度中区别对待，即"有保有控"。

第四阶段是自 2008 年下半年以来重启积极的财政政策。2008 年下半年以来，美国次贷危机引发的金融危机愈演愈烈，迅速从局部发展到全球，从发达国家传导到新兴市场国家和发展中国家，从金融领域扩散到实体经济领域，并且危机仍未见底，不确定性还在增加。面对危机，中国政府及时调整宏观经济政策取向。2008 年年中，适时把宏观调控的首要任务，从防经济过热、防明显通胀，调整为保持经济平稳较快发展、控制物价过快上涨。9 月份，又果断地把宏观调控的着力点转到防止经济增速过快下滑上来。10 月份，进一步明确实施积极财政政策和适度宽松的货币政策。此次重启积极的财政政策，尽管财政投向的重点仍然是基础设施建设，但是与 10 年前不同的是本次调控政策旨在以扩大投资拉动内需，摆脱以往粗放型的经济增长模式。此次以投资拉动内需内容比以前更丰富，除了基础设施建设之外，中央政府未来还将在经济适用房、农业补贴、医疗和社会福利等方面增加开支，环保、创新、三农、民生等也纳入了其中。

前财政部部长金人庆指出财政政策是宏观调控的一个重要工具。正确运用财政政策，促进经济持续、稳定、协调、健康发展，不仅是加强和改善宏观调控的必然选择，也是落实科学发展观、完善社会主义市场经济体制的客观需要。无论是扩张的财政政策、紧缩的财政政策，还是稳健（中性）的财政政策，只要符合宏观经济发展需要，只要运用得当，作用都是积极的。宏观调控的关键是相机抉择，财政政策必须随着作用环境与对象的变化而适时适度进行调整，要对具体经济情况作具体分析，并根据不同时机，做出正确的决策。

面对我国不同时期不同的财政政策，一个令人关注的问题是财政政策的实施取得了怎样的效果，如何测度和评价财政政策在我国经济发展中的重要作用？不同的财政政策工具对于我国的国民经济具有怎样的影响，起到了怎样的作用？本书将主要以我国改革开放以来的历史资料为依据，运用财政理论、经济学理论和计量经济学的研究方法对这些问题进行理论研究和实证分析。

1.1.2　研究意义

财政政策是重要的宏观经济政策之一，运用宏观经济政策调控，达到使我国国民经济持续、快速、稳定、健康的发展是我们始终坚持的目标。我国自 1998 年实施积极财政政策以来，制止了经济增长率下滑的趋势，保持了国民经济的高速增长，在亚洲金融危机和全球经济普遍衰退冲击的环境下，我国经济增长可谓一枝独秀。

因此定量研究财政政策和具体的财政政策工具对中国经济的影响，其意义不仅在于分析评价以往财政政策对于中国经济的影响和实施效果，更在于使我们理解财政政策的具体手段和我国经济之间的数量联系及程度，理解如何根据中国经济形势的变化采取合适的财政政策手段和财政对策，以促进我国经济的全面发展。因此对财政政策的效应进行量化测度和研究不仅具有重要的理论意义，还具有非常重要的现实意义。

1.2　基本概念界定

1.2.1　财政政策的概念

政策是国家为实现其经济调控目标而制定的方针、策略和措施等手段的总称，是人的主观作用于客观的经济运行。对于何为财政政策，不同国家、不同时期、不同学者有着不同的观点和解释。

　　1936 年凯恩斯发表《就业、利息与货币通论》，建立在凯恩斯宏观经济学基础之上的现代财政政策日趋成熟，其财政政策强调采取多种手段来实现政府干预经济的多重目标。20 世纪 60 年代财政学者 V·阿盖迪认为"财政政策可以认为是税制、公共支出、举债等措施的整体，通过这些手段，作为整个国家支出组成部分的公共消费与投资在总量和配置上得以确定下来，而且私人投资的总量和配置受到直接或间接的影响"。经济学家希克斯夫人认为"财政政策是指公共财政的所有不同要素在依然把履行其职责（税收的首要职责就是筹措收入）放在首位的同时，共同适应各项经济制裁目标的方式、方法。这些目标一方面是在高就业水平基础上的稳定，另一方面是生产力的稳定提高，以在充分利用可利用资源的基础上求得最大增长。在讨论财政政策时，需要考察所有的公共支出和收入类型：一方面是对现存商品、劳务、转让、固定资本形成以及存货购买等方面的支出，另一方面是税收收入和来自财产、举债的功能方面的公共收入以及公债管理"❶。这两种观点都是从财政政策手段的角度来定义的。

　　Zagler 和 Durnecker（2003）认为"财政政策是一个短期问题，作为一种政策手段，财政政策主要被用来减轻短期内产出和就业的波动。通过改变政府支出或税收，财政政策改变总需求以使经济接近于潜在产出水平"。W·西奈尔认为"财政政策是利用政府预算（包括税率和支出率），来调节国家需求水平进而促

---

❶ 曲振涛，等. 现代公共财政学. 北京：中国财政经济出版社，2004：527-529.

进充分就业和控制通货膨胀"❶。阿图·埃克斯坦认为财政政策就是运用预算长期内促进经济效率和经济增长，短期内为了实现充分就业和稳定物价水平而实行的各种税收和财政支出的变化手段❷。这三种观点既指出了财政政策的主要手段，又强调了财政政策的作用。

我国著名财政学家陈共认为"财政政策是指一国政府为实现一定的宏观经济目标，而调整财政收支规模和收支平衡的指导原则及其相应的措施"。郭庆旺认为"财政政策就是通过税收和公共支出等手段，达到发展、稳定、实现公平与效率，抑制通货膨胀等目标的长期财政战略和短期财政策略"。这是我国国内关于财政政策比较有代表性的两种观点，尽管在表述方式上存在一定的差异，但是均是从财政政策手段和财政政策目标的角度来进行阐述的，中心内容一致。

综合以上这些观点，本书认为，财政政策是我国宏观经济政策的重要组成部分，政府以某种财政理论为依据，运用各种财政政策工具，以达到促进经济增长、充分就业和物价水平稳定的目标。

1.2.2 财政政策类型

我国在不同的时期，针对当时的经济形势，采取了不同的财政政策。这种分类主要是根据财政政策在调节国民经济总量方面的功能不同来进行区分的。理论上，财政政策可以分为扩张性财政政策、紧缩性财政政策和中性财政政策。

扩张性财政政策通过财政收支规模的变动来增加和刺激社会

---

❶ W·西奈尔. 基本经济理论. 北京: 中国对外经济贸易出版社, 1984: 239.
❷ 阿图·埃克斯坦. 公共财政学. 北京: 中国财政经济出版社, 1983: 144.

总需求，在需求不足时，通过扩张性财政政策使总需求与总供给的差距缩小以达到平衡。扩张性财政政策的主要措施是增加财政支出和减少税收。在增加支出和减税并举的情况下，扩张效应比较大，但可能导致财政赤字。从这个意义上来说，扩张性财政政策等同于赤字财政政策。

紧缩性财政政策是指通过财政收支规模的变动来减少和抑制总需求，在国民经济已出现总需求过旺的情况下，通过紧缩性财政政策可以消除通货膨胀，达到供求平衡。紧缩性财政政策的主要措施是减少支出和增加税收。在增税和减支并举的情况下，财政盈余就可能出现。在一定程度上，紧缩性财政政策等同于盈余财政政策。

中性财政政策是指财政收支活动对社会总需求的影响保持中性，既不产生扩张效应，也不产生紧缩效应。在一般情况下，中性财政政策要求财政收支平衡，这时的财政政策也可称为均衡财政政策。这时政策的主要目的在于力求避免预算盈余或预算赤字可能带来的消极后果。

从实践的角度来看，从财政政策开始发挥出积极的宏观调控功能以来，依照时间的顺序，我国主要采取了积极的财政政策和稳健的财政政策。1998 年积极的财政政策有三个政策要点：一是以增加财政支出为主。二是增发国债，增发国债主要用于基础设施建设。三是没有实行扩张性财政政策惯用的减税政策，而是加强税收征管，适度提高税收占 GDP 的比重。增加的收入用于科技教育、社会保障和提高公教人员工资等公共需要。稳健的财政政策是在稳健之下着力协调，强调总量控制，松紧适度下的结构优化调整，按照科学的发展观实施公共财政职能。财政部财政科学研究所所长贾康认为稳健的财政政策可以概括为三点：一是政府总量扩张的调减和淡出，二是对结构优化的注重与"有保有

控"区别对待,三是在抓住时机深化改革、完善管理方面的积极
进取。应对此次全球性的金融危机,我国重启积极的财政政策,
有五个着力点:一是着力扩大政府公共投资,加强重点建设。这
是进一步扩大内需最主动、最直接、最有效的措施。二是着力推
进税费改革,实行结构性大幅减税。结合改革和优化税制。采取
减税、退税或抵免税等多种方式,减轻企业和居民的负担。三是
着力提高低收入群体收入,促进社会消费需求。四是着力优化财
政支出结构,保障和改善民生。五是着力支持科技创新和节能减
排,推动经济结构调整和发展方式转变。加快实现经济增长由主
要依靠增加资源等要素投入,向主要依靠科技进步、劳动者素质
提高和管理创新转变,推动经济社会又好又快发展。

1.2.3 财政政策工具

在研究财政政策效应之前,本章需要简要介绍一下财政政策
工具,也即财政政策是通过哪些载体或工具发挥作用的,这些政
策工具各具有哪些特点。财政政策主要体现为财政收入、财政支
出和财政收支不平衡三个方面,其政策工具主要包括税收政策、
支出政策和公债政策。

1.2.3.1 税收政策

税收是公共经济的重要内容,它是政府筹集财政收入进行资
源配置的基本手段。利用市场的方法分析公共经济,税收被定义
为公共产品的价格,是居民购买和消费公共产品支付的税价。因
此,税收与个人、企业和整个经济具有普遍的联系,而且具有深
远的影响。我国唐朝的财政思想家杨炎早就注意到税收的重要

性："夫财赋，邦国之大本，生命之喉命，天下理乱轻重，皆由焉"❶。法国政治家科尔伯特认为"征税的艺术就是拔最多的鹅毛又使鹅叫声最小的技术"❷。税收由于减少了私人经济主体的可支配收入，改变了商品的相对价格结构，影响理性经济人最优化行为，影响资本积累和劳动供给，从而最终会影响经济增长。

在具体的税种方面，税收主要可以分为所得税、消费税、销售税、财产税和财富税等主要税种，不同的国家在税种的具体设计方面又各有差别。其中所得税可再分为对劳动所得征税（工资薪金税）和对资本征税（主要是公司税）。对劳动所得征税具有收入效应和替代效应两种相反作用的效应，对劳动供给的影响取决于两种效应的对比，经济理论不能够提供明确的答案。经济计量研究表明对于壮年男子来说，工时不会受到税收的很大影响❸。公司税无论是从对资本利得征税的角度来分析，还是从对公司部门使用的资本征税的角度来分析，均将影响到公司的投资决策，进而影响到经济的发展。消费税是对个人的消费计征税收的税种，一般来讲，消费税会使个人在闲暇和消费之间作权衡时的替代比率发生扭曲，从而会扭曲消费者在闲暇与消费之间的决策。

目前我国的税收制度共设有 29 个税种和 7 个大的税收类别。常用的分类方法是从征税对象上把我国的税收分为流转税类、所得税类、资源税类、财产税类、特定目的税类、行为税类和农牧业税。在这些税种中，对经济中生产经营和消费产生直接影响的是流转税、所得税、资源税、农牧业税，其中流转税、所得税、资源税的影响最大。在本书后面章节的分析中将把我国的税收从

---

❶ 陈登原. 中国田赋史. 上海：上海书店，1984：1.
❷ 陈登原. 中国田赋史. 上海：上海书店，1984：1.
❸ 哈维·S·罗森. 财政学. 北京：中国人民大学出版社，2000：370.

生产要素的角度进行划分，并在此基础上进行实证分析。

1.2.3.2 支出政策

　　支出政策是政府为提供公共产品和服务，满足社会共同需要而进行的财政资金的支付。就其本质而言，它是政府履行职能所花费的社会资源，是提供公共产品和服务的成本和费用。在经济衰退、有效需求下降的情况下，抑制衰退的有效方法就是增加财政支出。在公共部门经济学发展的很长一段时期中，关注的焦点一直集中在税收和收入，只是在最近的 30 年里，收入等于支出这个等式中的支出部分才受到了很大的关注。

　　财政支出按照不同的分类标准有不同的分类。按政府所提供的公共服务将财政支出进行分类，可以说明经济发展阶段与财政支出之间的关系，可以使政府根据经济发展更好地安排财政支出结构。从政府提供的公共服务的角度，财政支出具体分为维持性支出、经济性支出和社会性支出。维持性支出是用来保证国家机器正常运转的支出，主要包括行政管理支出、国防支出、维持公共秩序和安全支出等。它们是国家机器存在和政府实现职能的基本保证。经济性支出是政府参与生产和投资活动的支出，如扶贫、基础产业发展的支出、基础设施建设的投资等，也即通常所说的财政投资支出或公共投资。一般认为，公共投资和私人投资是互补的（Aschauer, 1989；Erenburg, 1993）。因为首先，提高公共投资水平，必然会增加短期需求，从而刺激私人投资。其次，提高公共投资水平必然会增加短期公共资本存量，从而提高私人投资项目的收益率。最后，公共投资特别是公共基础设施投资，常常为私人投资提供有利的环境。社会性支出是用于提高全民素质和健康水平、消除贫困、提高福利水平等方面的支出，包括教育、文化、科学、卫生、养老、失业及其他福利服务的支出。

其中社会保障支出和教科文卫支出是社会性支出中最重要的部分。

1.2.3.3 公债政策

公债是政府以债务人的身份，按照国家法律规定或合同的约定，同有关各方发生的特定权利和义务关系。无论中央政府的债还是地方政府的债，都属于公债。公债和国债有所区别，二者虽均为政府的债，但是国债一般是指中央政府的债，属于公债的一部分。在西方发达资本主义国家，中央政府和地方政府预算相对独立，地方政府有权依照国家和地方法律规定，独立发行公债，由此产生了公债和国债在外延上的差别。但我国《国家预算法》规定发债的权利仅赋予中央政府，没有赋予地方政府。从这个意义上说，我国国债是公债的唯一形式。

国债政策是和赤字政策联系在一起的。在经济衰退时期，无论是增加公共投资还是降低消费者和投资者的税收负担，表现在预算上都有可能是赤字，最终需要通过发行公债来弥补。公债的发行，第一，可以弥补财政赤字。事实上，通过发行公债弥补财政赤字，是国债产生的主要动因。第二，筹集建设资金。我国通过国债的发行，在一定程度上增加了建设资金的规模。第三是调节经济。国债是对 GDP 的再分配，反映了社会资源的重新配置，是财政调节经济的重要手段。同时国债还是重要的金融政策手段，通过资金市场影响货币需求，进而调节社会需求水平，对经济产生扩张或抑制效应。

1.3 财政政策效应及测度

效应，顾名思义就是政策的实施效果。因为其意义简单而明确，所以国内外学者在做研究时，往往直接使用而未加以定义。

然而在具体到财政政策效应时，国内外学者的看法并不完全一致。

日本财政学家井手文雄在其著作《日本现代财政学》中研究财政政策的效果时，从乘数的角度进行分析，其最终的落脚点均是产出和增长，所以它所研究的财政政策效应可以理解为财政政策对产出和经济增长的乘数效应。在简明经济学百科全书（*The Concise Encyclopedia of Economics*）中，David N. Weil 认为财政政策是运用政府预算来影响经济，征税、转移支付和政府购买是具体的财政政策手段。在讨论财政政策效应时通常集中在探讨政府预算变化对整个经济——宏观经济变量如 GDP、失业和通货膨胀的影响。

我国财政学专家陈共认为财政政策效应是指财政政策作用的结果，财政政策达到预期的目标为有效，反之则效果不佳或无效。陈共认为我国财政政策的目标主要包括物价水平的相对稳定、收入的合理分配、经济适度增长和社会生活质量的逐步提高。

孙文基在研究财政政策的有效性时指出，财政政策的有效性是指财政政策的实施引导经济增长、物价水平、就业水平和国际收支的变动接近预定政策目标的程度。这里的有效性与本书所研究的财政政策效应虽然名称上有所不同，但实质是一样的。

综合上面的分析，本书认为财政政策效应是指运用财政政策工具，实施财政政策所取得的实际效果，而实际效果的评价需与财政政策的目标相一致。对财政政策效应的测度应该解决两方面的问题：第一是财政政策的目标。笔者认为财政政策的目标和宏观经济政策的目标是一致的，也即实现经济增长、充分就业和物价稳定。第二是财政政策变量的选择。财政政策变量的选择由财政政策工具决定，根据前面的分析，在研究财政政策效应时应该选择的财政政策变量包括政府支出、税收、赤字或公债。

根据上面的分析，本书拟运用上述财政政策变量，对我国财政政策效应的测度研究从以下三个方面进行分析：财政政策的经济增长效应，财政政策的就业效应和财政政策的价格决定效应，以此实现对我国财政政策效应的全面综合的测度和评价。

1.4　我国财政政策实施效应的经验分析

1.4.1　适度从紧的财政政策效应的经验分析

1993 年起实施的适度从紧的财政政策是在经济过热和较为严重的通货膨胀的背景下实施的，其主要的目标是遏制通货膨胀和保持国民经济适度增长，其中遏制通货膨胀是首要的目标。通过控制财政支出规模，压缩财政赤字，财政支出的增长速度从 1993 年和 1994 年的 24.1％和 24.8％压缩到 1995 年的 17.8％、1996 年的 16.3％和 1997 年的 16.3％。1994 年实施了适应社会主义市场经济的税制改革和分税制财政体制改革，财政收入的比重有了提高。加上与适度从紧的货币政策的相互配合，严重的通货膨胀自 1995 年开始得到抑制，该年全国商品零售价格指数比上年回落 6.9 个百分点，1996 年全国商品零售价格指数回落至6.1％。同时实现经济增长的软着陆，1995 年国内生产总值维持了 10.5％的较高增长速度，1996 年保持了 9.6％的经济增长速度。经过 3 年的治理整顿，我国基本实现了国民经济的软着陆，取得了既遏制通货膨胀又保持国民经济持续增长的良好态势，经济环境得到明显改善，经济增长质量显著提高，实现了在低通货膨胀下国民经济高速增长的"双赢"格局。

1.4.2 积极财政政策效应的经验分析

1998 年以来我国实施的积极财政政策，使我国国民经济在面临通货紧缩的形势下保持了平稳的发展态势，给我国乃至亚洲经济都带来了积极的影响。积极财政政策的具体实施效果如下。

积极财政政策最直接的效应，在于成功启动"三大需求"，拉动投资、消费和出口的增长，有力地推动了经济的持续增长。

从投资需求来看，我国在 1998 年提出实施积极财政政策伊始，即通过增发国债筹措资金，增加政府投资，引导民间投资，扩大社会投资需求。1998—2000 年，我国共发行建设国债 3 600 亿元，拉动社会投资 24 000 亿元。1998 至 2003 年，全社会固定资产投资增长速度分别达到了 13.9%、5.1%、10.3%、13.0%、16.1%和 27.7%，6 年来平均达到 12.72%。国债投资有力地拉动了经济增长，根据丛明（2003）的测算，1998—2002 年我国经济增长率分别为 7.8%、7.1%、8%、7.3%和 8%，其中国债项目投资对经济增长的贡献率分别为 1.5 个百分点、2 个百分点、1.7 个百分点、1.8 个百分点和 2 个百分点。

从消费需求来看，积极财政政策对启动消费产生了巨大作用。从 1996 年开始，我国居民消费需求的年均增长率大幅度下降，从 1996 年的 20.1%下降到 1998 年的 6%，居民消费明显不足。1998 年以来，通过调整抑制消费需求的税收政策、增加转移支付力度、财政贴息和消费信贷相结合，我国的居民消费水平稳定在了比较高的水平。1998—2003 年我国社会消费品零售总额可比价分别增长 9.64%、8.31%、9.26%、9.31%、12.69%、7.78%，农村居民消费分别增长 1.8%、4.7%、4.8%、4.5%、5.7%、和 2.7%，城镇居民消费分别增长 8.3%、11.3%、10.1%、4.4%、4.0%和 4.9%。

从出口方面来看，改革开放以来，我国经济与世界经济的关联度日益扩大，出口已经成为促进我国经济增长的重要因素。由于 1998 年受到亚洲金融危机的影响，外贸出口额曾一度急剧下降。为了抑制出口增长下滑趋势，我国从 1998 年开始连续多次调高出口退税率，使得我国出口商品的综合退税率达到 15.51％。与此同时，我国还不断改进出口退税的管理办法，加大对出口企业的支持力度。正是由于这些积极财政政策措施，我国出口增长速度得以恢复，并且实现了人民币不贬值的目标。1998—2003 年，我国出口增长率分别为 3.10％、7.66％、27.18％、5.99％、23.34％、33.06％，出口额由 1998 年的 1 837.1亿美元增长到 2002 年的 3 256 亿美元和 2003 年的 4 382.28 亿美元，积极财政政策对整个经济的拉动作用功不可没。

由于积极财政政策的直接拉动，在亚洲金融危机和全球经济普遍衰退冲击的环境下，我国经济增长可谓一枝独秀，不仅制止了经济增长率下滑的趋势，还保持了持续的高速增长，1998—2002 年期间 GDP 增长率分别为 7.8％、7.1％、8％、7.3％、8％。根据马拴友（2001）的测算，考虑到国债增加对投资的拉动、社会保障支出和扩大出口退税，1998—2000 年积极财政政策分别拉动经济增长 2.36％、3.05％和 2.90％。

关于积极财政政策的就业效应，积极财政政策通过增发国债，支持了一大批新项目及其配套项目的建设，通过增加财政支出，尤其是在公共投资方面的支出，促进了就业岗位的增加，在一定程度上缓解了我国的就业压力。据林跃勤（2005）测算，平均每年增加就业岗位 120 万～160 万个，1998～2004 年 7 年间共增加就业岗位 700 万～1000 万个。根据马拴友（2001）对财政政策的增长效应和就业的 GDP 弹性的测算，1998—2000 年积极财政政策促进我国非农就业分别增长 0.57％、0.73％和 0.70％，其中国债政策分别促进非农就业增长 0.36、0.47 和 0.38 个百分点。

关于积极财政政策的价格效应，1998—2000 年共发行建设国债 3 600 亿元，2001 年发行 1 000 亿元建设国债和 500 亿元支持西部开发的特种国债，2002 年发行国债 1 500 亿元，2003 年国债安排使用 1 400 亿元，6 年间发行长期建设国债 8 000 亿元。1998 年财政赤字仅为 922.23 亿元，2002 年财政赤字达到 3 149.51 亿元，占 GDP 的 2.99％。2003 年财政赤字降为 2 934.7 亿元，但此时赤字占 GDP 的比重仍有 2.5％。陈共（2003）从理论上分析了财政政策与通货膨胀之间的关系，他从赤字货币化和发行国债弥补两种方式的角度分析了赤字和通货膨胀之间的理论联系。尽管关于积极财政政策的价格效应实证分析几乎没有，但是在积极财政政策实施的 6 年的过程中，通过积极财政政策和稳健货币政策的配合，我国商品零售价格指数的变动比较平稳，既无严重的通货膨胀，也无严重的通货紧缩。

1.4.3 稳健财政政策效应的经验分析

稳健财政政策的核心内容是"控制赤字、调整结构、推进改革、增收节支"，这一政策是在 2004 年底的中央经济工作会议中明确提出的，但是积极财政政策实际上在 2003 年就已经开始淡出了。稳健财政政策的实施取得了以下效果：

第一，适当地减少财政赤字和长期建设国债规模，促进了经济的平稳较快增长。中央财政赤字由 2004 年的 3 192 亿元减少到 2007 年的 2 000 亿元，财政赤字占 GDP 的比重由 2004 年的 2％下降到 2007 年的 0.8％；适当调减长期建设国债的发行规模，由 2004 年的 1 100 亿元，调减为 2007 年的 500 亿元；中央政府预算内投资由 2004 年的 354 亿元增加到 2007 年的 804 亿元。

第二，大力优化支出结构，加强经济社会发展的薄弱环节。

着力支持农业、科教文卫、就业和社会保障、资源节约、生态环境保护、西部大开发和关系发展全局的重点项目建设，并把握好政府投资进度，充分发挥财政职能作用，推动国民经济向宏观调控预期方向发展。

第三，推进体制改革和创新，为经济社会发展提供体制保障。一是调整完善税费制度；二是完善收入分配制度；三是支持国有企业改革，促进国有经济战略调整；四是促进金融体制改革，大力支持中国银行、中国工商银行改制上市；五是规范住房土地收支管理政策。

在稳健财政政策、货币政策和其他政策的协同作用下，我国经济运行呈现出"增长速度较快、经济效益较好、物价涨幅较低"的良好态势。2004—2007 年 GDP 增长速度分别为 10.1％、10.4％、11.6％和 11.9％，平均增长速度为 11.01％。居民消费价格连续 4 年保持平稳变化，2004—2007 年分别上涨 3.9％、1.8％、1.5％和 4.8％。在经济较快增长的同时，物价涨幅稳定在较低水平，在我国经济发展史上是比较少有的。转换为不变价的社会消费品零售总额 2004—2007 年增长速度分别为 9.04％、10.9％、12.06％和 11.4％，平均增长速度为 10.85％。2004—2007 年全社会固定资产投资增长速度分别为 22.07％、23.73％、22.08％和 19.12％，平均增长速度为 21.74％。2004—2007 年进出口增长速度分别为 30.46％、20.22％、18.78％和 12.86％，平均增长速度为 20.42％。2007 年与 2004 年相比新增就业人数 1 790 万人。

1.5　国内外关于财政政策效应的研究现状

国外很多学者就财政政策效应进行了大量的研究。不同的学者在研究财政政策的效应时侧重点不同。在我国国内的研究中，随着我国在宏观经济政策领域研究的深入，最近几年来，关于我国财政政策效应的研究逐渐多起来，其中也不乏较多的实证研究，本节将简要介绍研究相对集中的有代表性的少许文献，更详尽的文献介绍分布在相应的章节中。

在国外，就财政政策与经济增长之间的关系进行研究的研究者非常多，不过不同的学者关于财政政策变量的选择并不一致。Tanzi 和 Zee（1997）指出有三个可供选择的财政政策变量：政府支出、税收和赤字。Aschauer（1989）利用美国 1949 至 1985 年的时间序列资料估计出了公共资本的产出弹性约为 0.4，他进一步指出公共资本在解释美国 20 世纪 70 和 80 年代生产率下降中具有重要意义。Aschauer 的研究使人们开始关注这一长期以来被忽视的经济增长中的重要因素——公共资本。Loizides 和 Vamvoukas（2005）在格兰杰因果关系的框架内利用双变量和三变量误差修正模型检验了希腊、英国和爱尔兰政府支出规模和经济增长之间的因果关系，发现在短期内这三个国家的政府支出是经济增长的格兰杰原因，在长期内爱尔兰和英国政府支出是经济增长的格兰杰原因。

Arestis 和 Karakitsos（1984）研究了英国政府的财政政策效应，在他们的研究中财政政策变量为政府支出和税收。他们利用 NIESR 模型（National Institute of Economic and Social Research）和 LBS 模型（London Business School）研究了增加政府支出和减税对于产出、就业和价格的动态影响。Blanchard 和 Perotti（1999）分析美国战后政府支出和税收冲击对产出的效应，他们运用结构 VAR 模型分析二者的动态冲击对 GDP 的影响，研究的结果表明正的政府支出冲击对 GDP 有正向的效应，而正的税收冲击对产出则呈现出负向的效应。Viren（2000）在研究 21 个 OECD 国家财政政策效应时，利用的财政政策变量是 Blanchard（1990）财政冲击变量和赤字，他的分析主要集中在财政政策对产出增长率的影响。Evdoridis（2000）利用数理模型明确指出动态均衡机制，财政赤字在经济增长中具有潜在的正向影响。他指出这种正向的促进增长效应不仅仅在衰退阶段成立，在经济发展的各个阶段正常的和有控制的赤字（normal and controlled deficit）均是保持高增长率的必要前提条件。

在财政政策和就业失业关系的研究中，Phipps 和 Sheen（1995）利用澳大利亚 1979 年第一季度至 1993 年第三季度的数据资料，分析产出、财政政策、货币政策和外部冲击对于就业的影响。分析的结果表明产出增长率对就业增长率有显著的促进作用，财政政策中政府投资支出对就业增长有显著的正向的影响，且这种影响是稳健的。政府消费支出对就业增长虽然也是正向的，但是不显著。平均税率对就业的影响不显著。Pissarides（1998）研究了减税对于失业和工资的影响，研究的结果表明如果失业救济与工资比是固定的，那么减税效应主要在于对工资的影响，但是如果失业救济（不变价）是固定的，那么减税会有微弱的就业效应。如果工资是协议工资，当税率变得更为累进也会降低失业。因此失业救济和税收结构政策是税收对失业影响的主要决定因素。Raurich 和 Sorolla（2003）认为公共资本提高了全要素生产率，并改变了劳动供给的弹性，财政政策对就业的影响取决于劳动供给弹性和公共资本之间的关系。当劳动供给的弹性随着公共资本提高，就业就会随着对利息的征税而提高。相反，当劳动供给的弹性随着公共资本下降，对任何收入征税的提高则会降低就业。

在财政政策和价格水平决定的关系的研究中，最具有代表性的是价格水平决定的财政理论（FTPL）。在以往价格水平决定的研究中，学者们关注的焦点是货币供应量（如 Friedman (1968)）Sargent 和 Wallace (1981) 的经典研究 Some Unpleasant Monetarist Arithmetic 给价格水平的决定理论带来了巨大的转折。他们将长期被忽略的政府预算约束引入模型，在政府预算约束条件下重新考虑政策规则，证明了财政政策可以通过政府预算约束对价格产生影响。随后这一新的视角吸引了很多的经济学家进行了深入的研究，如 Leeper (1991)、Leeper 和 Sims (1994)、Woodford (1994，1995，1996，1998)、Sims (1994)、Cochrane (2000，2001) 等，由于财政政策在价格水平的决定理论中受到了如此大的关注，Woodford 把这一理论称为价格水平决定的财政理论 (the Fiscal Theory of the Price Level)。价格水平决定的财政理论认为价格由政府债券的实际价值与政府财政剩余相等来决定，即：$B/P=$未来财政剩余的现值，其中 B 是政府债券的名义价值，P 为价格水平。FTPL 理论认为当这一跨期预算约束的均衡条件被打破之后，市场出清机制就会通过改变价格来恢复平衡。

　　曲镇涛等（2004）从 4 个方面分析了我国实施积极财政政策的经济社会效应，这 4 个方面是经济增长、三大需求、经济结构调整和财政金融风险。国家计委宏观经济研究院宏观经济形势分析课题组（2001）从投资和消费的角度研究了我国积极财政政策的实施效果，认为积极财政政策弥补了有效需求的不足，促进了经济增长。汪祥春（2003）从理论的角度分析了财政政策的短期效应和长期效应。在短期内，在生产资源没有充分利用、实际产出低于潜在产出的情况下，实施积极的财政政策，增加总需求，从而增加实际 GDP。在长期，经济运行接近充分就业，实际 GDP 接近潜在 GDP，赤字对私人投资的挤出效应就比较强，从而使私人部门投资减少，资本存量增长较慢，潜在产出增长率较低。

郭庆旺等（2004）在评价我国实施 6 年的积极财政政策的效应时进行了以下几个方面的评价：①利用协整理论，在 IS－LM 模型的框架内估算了财政政策的乘数效果。②利用修正后的汉森模型，估算了 1998 年以来积极财政政策的自动效果和人为效果。③研究了积极财政政策对民间消费的影响，在运用协整理论实证研究的结果表明李嘉图等价定理在我国不成立后，他分析了国债对民间消费的影响，协整分析的结果表明国债没有抑制民间消费，对民间消费具有正的较小的影响。④研究了积极财政政策对民间投资的影响。协整分析的结果表明财政生产性支出有助于提高社会资本收益率。由于民间投资与资本收益率正相关，因此得出结论财政投资不排挤私人投资。综合来看，郭庆旺等的财政政策效应分析包含了财政政策对产出的促进、对消费和投资的影响三个部分，其实质是围绕财政政策促进经济增长来进行分析的。郭庆旺和贾俊雪（2005）还研究了我国积极财政政策的全要素生产率增长效应，分析的结果表明 1998 年以来我国实施的积极财政政策对全国经济全要素生产率增长、省份经济全要素生产率增长和技术进步具有较强的促进作用，但对省份经济效率提高却具有明显的抑制作用。总体上积极财政政策对我国经济增长质量的提高起到了重要的促进作用。

黄赜琳（2005）把政府支出作为外生随机冲击引入 RBC 模型，构建了一个适合中国宏观经济的三部门 RBC 理论模型，并运用该模型来解释中国的经济波动和财政政策效应，实证的结果表明财政支出等因素对中国经济波动具有重要的影响，同时政府支出对居民消费具有挤出效应。

马拴友（2001）在分析积极财政政策效应时，从经济增长效应、财政投资对私人投资是否具有挤出效应、政府支出对居民消费是否具有挤出效应和积极财政政策的就业效应 4 个方面进行分析。分析的结果表明积极财政政策有力地拉动了经济增长；财政投资没有显著的挤出效应，相反能通过提高私人部门资本的收益率而促进民间投资；我国政府购买支出与居民消费的关系总体上是互补关系，而不完全是替代关系，对私人消费更不存在完全的挤出效应，相反政府支出对私人消费具有挤进效应；积极财政政策促进了经济增长，相应地促进了就业。

姚大鹏（2005）在 IS—LM 模型的框架内分析了财政政策和货币政策的效果，认为积极财政政策的效果要比货币政策的效果更大一些，投资乘数虽然比较小，但是财政政策还是起到了一定的促进经济增长的作用。此外，阎坤和王进杰（2003）、李生祥和丛树海（2004）等在 IS—LM 模型的框架内利用乘数理论分析了财政政策的经济增长效应。

除了在 IS—LM 模型中研究税收乘数外，还有一些学者把税收变量与经济增长之间的关系单独进行研究。岳树民和安体富（2003）进行相关分析的结果表明我国宏观税负与经济增长负相关。安体富等（2000）研究了刺激经济增长的税收政策的选择，从税收改革的角度提出了一些建议。李永友（2004）把财政支出纳入到税收分析的框架内，利用我国的经验数据分析，得出结论：即使在考虑财政支出的情况下，我国的税收负担对经济增长也具有显著的抑制作用。但这种抑制程度在两种情况下有着很大的差异。在不考虑政府支出时，税收负担每提高一个百分点，经济增长就会下降 0.713 个百分点。但在考虑到财政支出之后，税收对经济增长的抑制程度由原来的 0.713 个百分点下降到 0.33 个百分点左右。中国社会科学院数量经济与技术经济研究所 PRC-GEM 课题组（2002）利用可计算一般均衡模型 PRCGEM 对我国税制改革的效应进行模拟，在模型中详细地刻画了我国的税收结构，建立了几个主要税种的决定机制及其对经济主体之间的财政收入分配的反馈机制，量化的分析改革方案对国民经济的影响。

从 1998 年开始实施积极财政政策以来，发行国债成为积极财政政策的一项重要政策手段，不少学者对此进行了研究。袁东 (2000) 从多个角度分析了国债与经济增长之间的关系，不过他的分析主要限于理论角度的分析。刘溶沧和马拴友 (2001) 的研究结果表明我国预算赤字与利率关系不显著，赤字和国债并没有挤出私人投资。不结合财政支出，基本赤字国债对经济增长具有负影响，但如果赤字和国债用于公共投资，其净效应是促进经济增长。高莉和高萍 (2004) 用基本建设支出占资本性支出的份额近似代表国债的份额，估算出国债对经济增长的贡献，自 1997 年以来呈逐年递增趋势，从 1997 年的 8.83％递增到 2000 年的 12.23％。

关于财政政策的就业效应，国内研究者相对较少，进行实证分析的更是少数。除了前面提及的马拴友 (2001) 研究过财政政策的就业效应之外，中国失业问题与财政政策研究课题组 (2005) 对财政政策与就业之间的关系进行了研究。研究的结果表明 1998 年以来，积极财政政策对 GDP 增长的贡献率每年大约在 1.5～2 个百分点，有效地拉动了经济增长和就业，同时所实行的 "三条保障线" 政策、税收优惠的就业扶持政策和劳动力市场就业的公共服务政策均有效地促进了就业的增长。这两篇研究成果均是建立在经济增长促进就业的理论基础上，然而这一理论前提是否成立，国内外的研究尚存在争议，本书在后面的章节中进行具体分析。

在我国国内关于财政政策与价格水平决定的研究中，不仅理论研究很少，实证研究也不多。龚六堂和邹恒甫 (2002) 介绍了财政政策和价格水平的理论模型。他们是首位将价格水平决定的财政理论（FTPL）以学术成果的形式在国内发表的学者（此前虽有学者从理论角度研究了赤字与通货膨胀之间的关系，但与 FTPL 理论不同），但是遗憾的是他们仅仅给出了数理模型，并未作进一步的实证分析。

尽管已经做了大量的工作，但是相对于国外较为成熟全面的研究，我国对财政政策效应的研究还是很不够的。这主要表现在以下几方面：首先是国内对财政政策各种效应的理论研究比较少，尽管国内有相当的学者利用 IS—LM 模型研究了财政政策的效应，也不可否认凯恩斯理论在研究财政政策效应时的积极作用，但是随着时代的发展也出现了多种研究财政政策效应的分析框架，国内目前对这些研究框架的介绍性的研究还比较少。其次，国内对财政政策效应的研究表现为零散的琐碎的经验研究，毋庸讳言，这些研究有很多是经过深入思考的研究成果，但是也存在着良莠不齐的现象。第三，这些研究仅仅把握了财政政策效应的某一方面，较为深入全面系统从财政政策效应的各个方面、利用各个财政政策变量来研究的专业论述几乎没有。尽管郭庆旺和马拴友等少数学者对我国积极财政政策效应进行过比较全面的定量研究，但是他们的研究成果也主要是集中在分析积极财政政策的经济增长效应方面，对就业效应和价格水平的决定效应分析得不充分，甚至几乎没有。

1.6 总体研究思路和研究方法

1.6.1 总体研究思路

本书在占有大量国内外相关文献的基础上，以最近时期国外有关财政政策效应理论分析框架为基础，以计量经济学有关方法为研究工具，以对我国财政政策效应的测度为研究中心，利用我国财政政策和宏观经济的有关数据，对我国财政政策的效应进行理论分析和实证研究，试图把握财政政策理论发展的前沿，全面深刻地剖析我国财政政策的实施效应，进而提出一定的政策建议。

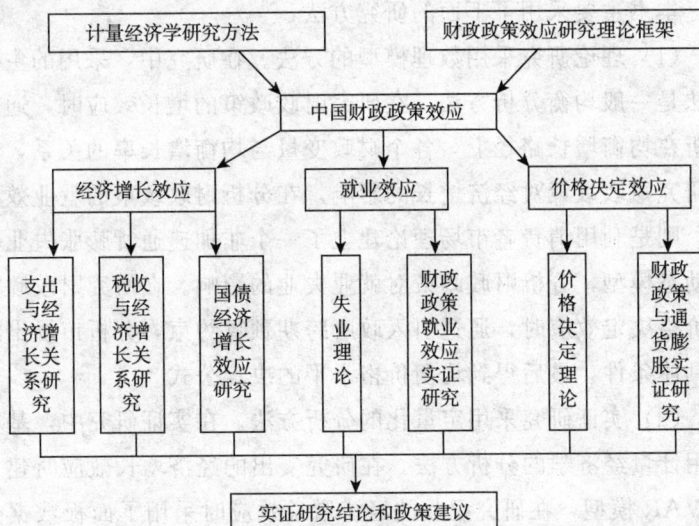

图 1-1　本书研究框架结构图

图 1-1 给出了本书研究的框架结构图。从图 1-1 可以看出，本书以计量经济学研究方法和财政政策效应研究理论框架为基础，分别从经济增长效应、就业效应和价格决定效应三个方面来对中国的财政政策效应进行测度研究。本书利用三个财政政策变量，从支出、税收和国债三个角度分别实证地分析了财政政策的经济增长效应。本书在对相关的失业理论研究的基础上分析财政政策与失业就业之间的理论关系，并进行实证研究。本书在价格决定的理论研究的基础上，就财政政策和通货膨胀之间的关系进

行实证研究。在对三种效应实证研究的基础上，本书归纳出对我国财政政策效应测度研究的主要结论，并就我国财政政策如何促进经济增长、就业增长和价格水平的稳定提出政策建议。

1.6.2　研究方法

本书主要采用了下面的研究方法：

（1）理论研究采用数理模型的方法。在研究中，采用的主要方法是一般均衡分析方法。在研究财政政策的增长效应时，通过分析在均衡增长路径上，各个财政变量与均衡增长率的关系，进而研究财政政策对经济增长的影响。在分析财政政策的就业效应时，则是利用消费者市场理论建立了一个非加速通货膨胀失业率的动态模型，分析财政政策对就业失业的影响。在研究财政政策的价格决定效应时，通过引入政府跨期预算约束，分析市场出清的具体条件，最后得到均衡价格水平的决定公式。

（2）实证研究采用定量化的分析方法。在实证研究中，基本采用计量经济学的分析方法。在研究支出的经济增长效应时建立了 VAR 模型，在研究税收的经济增长效应时采用了面板数据分析方法，另外协整回归和误差修正模型等具体的实证分析方法在本书中也大量地被采用。

1.7　基本结构和主要结论

全文共分为七章五个部分：

第一章为第一部分，主要涉及本书的一些铺垫性和介绍性的工作，阐述对我国财政政策效应进行测度研究的重要理论价值和实践意义，介绍了财政政策的相关概念，界定了财政政策的效应和测度方法，国内外研究现状介绍了国内外典型文献对财政政策效应的研究情况。最后给出本论文研究的总体思路、研究方法和论文的基本结构。第一部分为本书后面的研究奠定了基础。

第二部分包括第二章至第四章，主要研究财政政策的经济增长效应。其中第二章研究支出政策的增长效应。在对国内外有关支出政策效应研究进展情况进行介绍的基础上，本章在 IS－LM 模型的框架内利用财政政策乘数理论，分析财政政策的乘数效应，借以分析支出政策的效应。乘数分析测算出了近 19 年各年的政府支出乘数、转移支付乘数和税收乘数，各乘数值都不大，在三种政策工具中，政府支出是最主要的政策工具。在实证地分析了财政政策的乘数效应之后，该章在 Barro（1990）模型的基础上，着重研究公共投资的增长效应，在对产出、私人资本和公共资本建立 VAR 模型的基础上，进行协整检验和脉冲响应分析。实证研究的结果表明我国的产出、公共投资和私人投资之间存在着唯一的长期稳定的均衡关系，公共投资对于产出进而对于经济增长具有正的效应。我国公共投资在短期内对私人投资具有挤进效应，从长期看则具有挤出效应。挤出效应和挤进效应都比较弱。同时本章在 Barro 模型的基础上测算了我国的最优公共投资额。

第三章研究税收的经济增长效应。在对国内外有关税收经济增长效应研究进展情况进行介绍的基础上，本章对格雷纳模型进行了修正，运用面板数据分析的方法分析我国宏观税负与经济增长之间的关系。实证分析的结果表明东部经济带平均宏观税负较高，对经济增长的抑制作用比较显著，而中部经济带和西部经济带宏观税负低于东部经济带，其税收对经济增长的作用不显著。同时本章运用协整理论分析税收结构与经济增长之间的关系，分析的结果表明我国对资本征税显著地降低了人均 GDP 增长率，不利于经济增长。对劳动征税对人均 GDP 增长率没有显著的影响，对消费征税则显著地提高了人均 GDP 增长率，有利于经济的增长。

第四章研究国债和经济增长之间的关系。首先对国内外关于国债与经济增长关系在理论研究和实证研究的进展情况进行介绍和总结，指出国内研究的不足之处。接下来本章在 Greiner 提出的一个包含国债、赤字的内生增长框架内，建立了我国国债和经济增长的模型。实证研究对理论模型提供了强有力的支持，基于扩展 VAR 模型的因果关系检验结果表明我国国债的主要用途是公共投资，而非政府消费和转移支付，我国国债显著地促进了经济增长，理论和实证结果均表明国债促进经济增长的路径在于公共投资领域，而不是政府消费和转移支付。同时本章进一步研究了国债负担与国债的经济增长效应之间的关系，研究的结果表明我国目前的国债负担水平还没有构成太大的国债风险，其对国债的经济增长效应影响不显著。

第三部分由第五章构成，主要研究财政政策的就业效应。本章首先介绍了有关经济学流派关于失业的理论观点，并简要介绍了我国学者关于失业原因研究的一些基本结论。考虑到失业原因的多方面性、失业统计的不足和实证研究的特点，本章接下来的研究以财政政策对就业的影响为主线，同时考虑其他因素对就业的影响，实证地分析财政政策的就业效应。首先利用消费者市场理论建立了一个非加速通货膨胀失业率的动态模型，从理论上研究了财政政策对就业失业的影响。接下来运用协整理论进行实证分析，结果表明就业与财政政策、经济增长和 FDI 之间存在着长期的协整关系。财政政策中的宏观税率对我国总的就业和第二产业就业没有显著的影响，但是对第三产业的就业具有显著的负向影响。财政政策中的财政支出中预算支出部分对总就业没有显著的影响，对于第二产业的就业具有显著的负向的影响，对第三产业则表现出很强的推动作用。预算外财政支出无论是对我国的总体就业，还是对第二产业和第三产业的就业水平，都具有显著的推动作用。同时研究结果还表明财政政策对第三产业就业推动作用要大于其对第二产业就业的推动作用。

第四部分由第六章构成，主要研究财政政策的价格决定效应。本章首先介绍了传统的价格决定理论——货币数量论，接下来介绍了国内外有关学者关于财政政策和价格水平决定的有关研究进展情况。在 Woodford 价格水平决定的财政理论模型的基础上，本章利用协整理论和误差修正模型实证地研究了财政政策、货币政策和通货膨胀之间的关系。实证分析的结果表明我国通货膨胀、货币供给量增长率、财政赤字和财政支出之间存在着稳定的长期均衡关系，我国的通货膨胀，既有货币政策的原因，也有财政政策方面的原因。从长期来看财政赤字和财政支出的增加，都会带来通货膨胀率的提高。而从短期来看，通货膨胀的变动主要受其自身滞后项和财政赤字变动的影响，而货币供给量和财政支出在短期内对通货膨胀没有显著的影响。

论文第五部分由第七章构成，此部分对本书的主要观点和结论及主要创新点进行了总结，根据本书所得出的结论，提出了一些具有建设性的政策建议，希望能够为财政政策在我国的宏观调控中发挥出更积极的作用提供借鉴，同时还提出了未来需要进一步研究的方向。

2. 财政政策的经济
增长效应（上）
——支出政策的增长效应

支出政策是重要的财政政策手段，是经济衰退、有效需求下降时抑制衰退的有效方法。我国从 1998 年至 2003 年实施的积极财政政策中，支出政策是重要的内容。6 年间共发行长期建设国债 8 000 亿元，主要用于基础设施建设和其他领域，如社会保障支出、教育投入等领域的支出。在支出政策中，公共投资政策是最为重要的政策，在有关的经济理论文献中，公共投资一般被界定为由政府投资形成资本的活动，在市场经济条件下，由于政府不能在微观层次上直接介入企业活动领域，政府投资往往被限定在特定的公共服务领域，所以这种投资也被称之为公共投资。1981 年我国预算内固定资产投资仅为 269.76 亿元，2007 年预算内固定资产投资达到 5 857.1 亿元，是 1981 年预算内固定资产投资的近 22 倍，是积极财政政策实施伊始年份的 4.89 倍。本章拟对财政政策中的支出政策，尤其是公共投资政策的经济增长效应进行分析，从而提出促进我国经济增长的支出政策的选择。

2.1 国内外关于政府支出与经济增长关系的研究综述

西方学者在研究政府支出时通常把政府支出分为生产性支出

和非生产性支出（也即政府消费），早期的学者如 Groenewold（1984）、Sheikh 等（1983）、Gupta 等（1983）在 IS－LM 的框架内利用乘数理论研究了财政政策的经济增长效应，指出财政政策对产出的促进效应取决于政府支出的有效性。

而最近时期的研究者主要是运用生产函数法、协整和误差修正模型或向量自回归 VAR 方法来研究财政政策中的支出政策的效应。尽管经济理论认为生产性支出即公共投资能够提高私人部门的生产率，从而促进经济增长。但是实证分析的结果不尽相同。

Diego Martinez-Lopez（2005）利用西班牙 1965—1997 年的数据资料，运用面板分析技术分析财政政策变量与西班牙地方经济增长率之间的关系，研究的结果表明公共消费对经济增长的影响是负向的，而公共投资则表现出对经济增长正向的推动作用，不过这种正向的推动有时是不显著的。Loizides 和 Vamvoukas（2005）在格兰杰因果关系的框架内利用双变量和三变量误差修正模型检验了希腊、英国和爱尔兰政府支出规模和经济增长之间的因果关系，发现在短期内这三个国家的政府支出是经济增长的格兰杰原因，在长期内爱尔兰和英国政府支出是经济增长的格兰杰原因。

Turnovsky（2004）利用模拟研究的方法分析了政府支出与经济增长之间的关系，在他的研究中，政府支出由在资本品上的支出和在消费品上的支出两部分构成，模拟的结果是政府消费和公共投资均促进经济增长，产出的一定比例用于投资比用于消费更能够促进经济增长。Kneller、Bleaney 和 Gemmell（1999）利用 22 个 OECD 国家 1970—1995 年的数据资料，面板数据分析的结果表明生产性政府支出促进产出增长和经济增长，非生产性政府支出对经济增长有不显著的正向的影响。

2. 财政政策的经济增长效应（上）

　　Aschauer（1989）利用美国 1949 至 1985 年的时间序列资料估计出了公共资本的产出弹性约为 0.4，他进一步指出公共资本在解释美国 20 世纪 70 和 80 年代生产率下降中的重要意义。Aschauer 的研究使人们开始关注这一长期以来被忽视的经济增长中的重要因素——公共资本。Easterly 和 Rebelo（1993）研究了财政政策和经济增长之间的关系，其中一个方面便是公共投资对经济增长的贡献。他们的分析以 Barro（1991）的分析为基础，考虑多个国家 1960—1980 年的增长方程，他们研究的一个主要结论是发现在交通和通信方面的公共投资与经济增长有着非常强的关系。Lau 和 Sin（1997）利用美国 1925—1989 年的数据资料，运用协整回归估计出美国公共投资的产出弹性约为 0.11。Paul（2003）利用澳大利亚 1968—1995 年的数据资料，运用成本函数的方法，发现公共基础设施对私人部门生产率具有正的且显著的影响。Pereira 和 Sagales（1999）利用西班牙全国和 17 个自治区的数据，建立关于产出、就业、私人资本和公共资本的 VAR 模型，实证研究的结果表明无论是对于全国还是对各个自治区，公共资本对产出和私人资本均具有正向的影响。Mittnik 和 Neumann（2001）利用加拿大、法国、英国、日本、荷兰和德国的季度数据，分别建立各个国家关于产出、私人投资、公共投资和公共消费 4 个变量的向量自回归模型，利用脉冲响应函数分析公共投资对产出和私人投资的短期和长期效应。实证分析的结果表明除了 1 个例外，公共投资对产出均具有正的影响，在 6 个工业国家中，公共投资均未表现出对私人投资的挤出效应，而且在其中 3 个国家中公共投资对私人投资还具有挤进效应。这些结果表明公共投资是内生增长的源泉。

　　然而，McMillin 和 Smyth（1994）利用美国 1952—1990 年的数据资料，运用工作小时数、能源相对价格、政府资本和通货膨胀四个指标建立 VAR 模型，利用方差分解和累计的脉冲响应函数发现没有证据支持政府资本对于私人部门单位资本产出有显著的影响的论据。Holtz-Eakin 和 Schwartz（1994）利用美国 48 个州 1971—1986 年的面板数据资料，在新古典增长模型的框架内分析了公共基础设施和增长之间的关系，结果表明增加公共基础设施并不能带来显著的增长。Holtz-Eakin（1994）利用 1969—1986 年美国 48 个州的产出、劳动、私人资本和政府资本进行研究，结果表明公共资本并不能影响私人部门生产率。

Barro（1991）利用 98 个国家 1960—1985 年的数据资料研究影响经济增长的各个因素，研究结果表明人均 GDP 增长率与初始人力资本正相关，增长与政府消费占 GDP 的份额负相关，与公共投资份额关系不显著。Devarajan 等（1996）研究了 43 个发展中国家，结果显示总的政府支出（包括消费和投资）对经济增长没有显著影响，同时他们发现政府支出的构成效应：增加政府消费支出的比例对经济增长有显著的正向效应，而增加政府投资的比例则对经济增长有显著的负效应。Ghali（1998）利用突尼斯 1963—1993 年的数据资料，运用多变量协整回归技术建立向量误差修正模型分析产出、公共资本和私人资本之间的短期和长期关系，实证分析的结果表明在长期公共资本对突尼斯的经济增长和私人投资具有负向的影响，在短期公共投资对私人投资具有负向的影响，对增长没有显著影响。

Barro（1990）和 Aschauer（2000）指出公共投资的影响取决于公共投资的水平，存在一个最优公共投资额，当公共投资低于最优投资额时，公共投资对于经济增长的促进作用起主导作用，大于因融资所产生的负向作用，因而促进了私人投资的增加和经济的增长。当公共投资额高于最优公共投资额时，融资的负向效应开始起主导作用，大于公共投资的正向效应，所以使私人投资额下降，进而使产出增长率下降。不过 Barro 的研究仅仅提出了一个研究框架，而 Aschauer 不仅建立了公共资本与经济增长之间关系的研究框架，还利用美国 48 个州的 1970—1990 年的数据资料进行实证分析，结果表明最大化经济增长率的公共资本存量大约为私人资本存量的 60%~80%。美国大部分州 1970—1990 年的公共资本存量均低于最优公共资本存量。

我国也有不少学者对我国的支出政策、公共投资与经济增长的关系进行了研究。于长革（2004）将财政支出划分为公共投资支出、公共消费支出、公共事业支出和公共服务支出四类，利用四类支出对国内生产总值进行回归，普通最小二乘回归的结果表明公共投资和公共事业支出与经济增长正相关，公共消费和公共服务支出与经济增长负相关。郭庆旺等（2003）在研究财政支出与经济增长的关系时，其回归模型中引入了财政支出、教育支出和基本建设支出，回归的结果表明财政支出总水平与经济增长负相关，财政生产性支出与经济增长正相关，财政人力资本投资比物质资本投资更能提高经济增长率，用于科学研究的支出所带来的经济增长远高于物质资本投资和人力资本投资所带来的经济增长。

娄洪（2004）研究了两个公共基础设施资本动态模型，分析公共基础设施对经济增长的动态影响。于长革（2004）利用数理模型分析政府公共投资的经济增长效应，他们二人的研究主要是从理论模型的角度进行的，并未进行实证分析。刘国亮（2002）利用 1996—2000 年我国 29 个省份的混合数据进行回归，分析公共投资及其细分项目的产出弹性，得出结论：公共投资的产出弹性大于非公共投资的产出弹性，但他对公共投资数量的估计存在一定程度的高估。

张海星（2004）利用我国改革开放以来的数据资料，对公共物质资本投资、公共人力资本投资和 R&D 投资与经济增长的相关性进行协整检验和格兰杰因果关系检验，研究的结果表明三种公共投资均具有正向的经济增长效应，但其促进经济增长的路径不同。公共物质资本投资主要是通过资本积累效应拉动经济增长，公共人力资本和研发投资则是通过提高全要素生产率促进经济增长。

马拴友（2001）利用最小二乘回归建立了公共设施资本、私人部门资本、私人部门劳动投入、设备利用率和私人部门产出之间的回归模型，回归的结果表明公共资本每增长 1%，企业部门资本要素的生产率增长 0.55%。同时马拴友还利用一个简单的凹增长函数实证分析了最优的公共投资额，实证的结果是最优的公共投资规模为 GDP 的 10.4%。但是这一实证模型缺乏理论模型的支持。

王小利（2005）利用向量自回归模型分析我国政府公共支出的长期增长效应，建立了关于 GDP、政府消费、预算外支出和政府公共投资四个变量的 VAR 模型，实证分析的结果表明政府预算外支出对 GDP 的影响为正，且预算外支出的效应明显大于预算内公共支出。政府购买支出对于 GDP 具有正向的影响，而政府公共投资对 GDP 影响有限，长期影响甚至为负。

孙群力（2005）以我国改革开放以来的数据为基础，利用协整理论、误差修正模型和格兰杰因果关系检验研究我国政府投资和政府消费对经济增长的短期影响与长期关系。实证分析的结果表明我国经济增长与政府投资、政府消费之间存在长期稳定的均衡关系。在长期，政府消费与经济增长是正相关的，而政府投资与经济增长负相关。在短期，格兰杰检验的结果表明滞后两期的政府投资是经济增长的原因。

在研究公关投资与经济增长的关系中，公共投资与私人投资之间关系的分析是一项重要的内容。孙旭和罗季（2004）分析了我国政府投资对民间投资的影响，实证分析的结果表明我国政府投资对民间投资的调控能力十分有限，既未表现出带动效应，也未产生挤出效应。此外王翔等（2003）提出要加强政府投资能力，孟耀（2004）分析了政府投资与民间投资之间关系的演变，但是主要是以理论分析为主。

由上面的文献综述可以看出，我国目前关于政府支出的实证研究结论尚不完全一致，尤其是关于公共投资实证分析结果差异比较大。而且这些研究还存在着以下的不足：①大多数实证分析的过程中所建立的模型缺少理论模型的支持，因此说服力显得较弱。②根据 Barro 的研究，公共投资促进经济增长的主要原因在于公共投资提高了私人资本的边际生产率，因此在分析公共投资的增长效应时，分析公共资本与私人资本之间的关系是不应该被忽略的，而在大多数公共资本的增长效应的研究中没有涉及这一关系的分析。③我国国内学者关于最优公共投资额的研究比较少，仅有的一些研究又缺乏理论的支持。本研究认为最优公共投资额在研究公共投资的增长效应时是不可缺少的。本章拟通过 IS-LM 模型利用财政政策乘数理论分析财政政策的乘数效应，借以分析支出政策的效应。在实证地分析了财政政策的乘数效应之后，本章拟在 Barro（1990）模型的基础上，着重研究公共投资的增长效应。

2.2 我国财政政策乘数效应实证分析

经典的 IS-LM 模型所表示的经济关系是建立在完善的市场经济中的消费行为、投资行为和货币需求行为的基础之上的。通过对中国的实际经济数据进行计量分析，可认识中国的消费、投资等行为，并进而探讨中国的 IS－LM 模型，为测算中国的财政政策乘数提供基础。

2.2.1 我国 IS－LM 模型的初步设定

（1）产品市场：IS 模型。产品市场的均衡方程 IS 是总收入等于总支出，即 $Y=AD$。而总支出 AD 由消费 C、投资 I、政府支出 G 和净出口 XM 四部分构成。

根据凯恩斯的绝对收入假说，消费取决于可支配收入，消费函数由自发消费和引致消费两部分构成。投资是实际利率的函数。同时根据对中国的投资活动、资本形成和生产活动的分析可以发现，投资又取决于国民收入，即也是国民收入的函数。净出口为出口与进口之差，一般认为，出口由国外市场决定，国内市场对它的影响较小，故可以视为常数。而进口则取决于国民收入和汇率水平，考虑到汇率资料繁杂和模型规模的限制，在此仅仅把进口考虑为国民收入的函数。

（2）货币市场：LM 模型。货币市场均衡条件是真实货币余额的供给等于其需求：$M/P=L$ (Y, i)。名义货币存量 M 由货币当局外生给定，真实货币余额需求是实际收入 Y 和利率 i 的函数。在考虑利率时，我们使用真实利率变量，同时利率的变化还要考虑到通货膨胀的影响。因此构建 LM 模型下的利率函数时，货币需求是国民收入、实际利率和通货膨胀的函数。

具体的模型如下：

$$C=a_{11}+a_{12}Yd+\mu_1$$
$$I=a_{21}+a_{22}Y+a_{23}i+\mu_2$$
$$M=a_{31}+a_{32}Y+\mu_3$$
$$i=a_{41}+a_{42}Y+a_{43}\frac{M}{P}+a_{44}IR+\mu_4$$

$$Yd = Y - T + TR$$
$$XM = X - M$$
$$Y = C + I + G + XM$$

在上面的模型中，a_{ij} 是待估参数，μ_i 为随机误差项，其数学期望为零。在整个的模型中，内生变量有：消费 C、投资 I、进口 M、真实利率 i、可支配收入 Yd、净出口 XM 和总产出 Y。外生变量有：政府支出 G、通货膨胀率 IR、真实货币供给余额 M/P、财政收入 T、转移支付 TR 和出口 X。该模型经过阶条件和秩条件检验，整个模型是过度识别的。

2.2.2 数据[❶]

本部分以 1985—2003 年的数据资料为样本期，支出法 GDP 作为总产出，消费是指居民消费，投资是指私人部门的投资，是固定资产形成总额扣除固定资产投资中的国家预算资金投资。我们以国家预算资金投资作为政府投资，政府投资和政府消费共同构成了政府支出。可支配收入并没有现成的统计资料，我们用总产出减去财政收入加上转移支付作为 Yd 的估计，由于企业亏损补贴冲减财政收入，调整后的财政收入要加上企业亏损补贴。转移支付主要包括抚恤和社会福利救济事业费、政策性补贴、企业亏损补贴和内债利息支出。货币供应和需求采用狭义的货币量 $M1$。通货膨胀率通过居民消费价格指数的波动来计算，真实利率为名义利率减去通货膨胀率，其中 1995 年以前的名义利率是根据《1996 中国金融年鉴》中 1 年期储蓄存款利率的最高与最低利率平均而得，其它年份名义利率则按照 1 年期定期存款利率

---

❶ 相关数据均取自《中国统计年鉴》(1996—2004)、《中国金融年鉴》(1996—2004)。

执行天数加权平均而得。所有的绝对量指标根据 1984 年为基期的商品零售价格指数调整为不变价格的变量。

2.2.3 模型的估计

根据上述资料，以常数项、所有的外生变量和所有内生变量的一阶滞后变量作为工具变量，利用三阶段最小二乘法对上述模型进行估计，结果如表 2-1 所示。

表 2-1 我国 IS－LM 模型的三阶段最小二乘估计

解释变量	消费方程	投资方程	进口方程	利率方程
常数项	683.9987 (2.8787)	−496.5227 (−1.8553)	21694.6** (0.2808)	6.1237 (5.0980)
Y	—	0.3949 (28.4403)	0.6361 (3.1115)	0.0004 (2.2846)
Yd	0.4901 (41.0186)	—	—	—
i	—	−17.8009* (−1.7102)	—	—
M/P	—	—	—	−0.0007 (−3.4515)
IR	—	—	—	−0.8357 (−19.9790)
R^2	0.9983	0.9921	0.9620	0.9532
调整的 R^2	0.9979	0.9882	0.9569	0.9431
DW	1.2962	2.0429	1.6155	1.1096

注：括号中的值是 t 统计值，加 * 表明在 10% 的水平上是显著的，加 * * 的表明不显著，未作标注的表明在 5% 的水平上是显著的。为了消除序列相关的影响，消费方程使用了 AR（1）和 AR（2）项，投资方程使用了 AR（1）、AR（2）和 AR（3）项，进口方程使用了 AR（1）项。

从估计的结果可以看出，模型的拟合效果达到 94% 以上，基本消除了序列相关，除了进口函数的截距项不显著外，其他系数均显著。消费函数表明边际消费倾向为 0.49。投资函数表明投资对收入的敏感度为 0.39，对利率的敏感度为 −17.80。进口方程表明边际进口倾向为 0.64。将利率方程改写为货币需求的形式，可以得到货币需求的对收入的敏感度为 0.57，货币需求对利率的敏感度为 −1 428.57。模型中各个参数估计值符合经典的 IS−LM 模型理论，表明估计结果是正确的。

2.2.4　财政政策乘数效应的实证分析

根据对我国 IS−LM 模型的估计结果，将消费、投资、净出口方程和政府支出相加，可以得到我国的 IS 曲线，再加上利率方程，就得到了我国的 IS−LM 曲线：

$$\text{IS 曲线：} Y = \frac{-21\,507.174 + 0.4901TR + G + X}{0.7511 + 0.4901\tau}$$

$$- \frac{17.8009}{0.7511 + 0.4901\tau}i$$

$$\text{LM 曲线：} i = 6.1237 + 0.0004Y - 0.0007\frac{M}{P} - 0.8357IR$$

其中 τ 为我国的宏观税负，由财政收入占 GDP 的比重计算得到。将 IS 曲线和 LM 曲线联立，可以求出均衡总产出：

$$Y = \frac{-21616.1814 + G + 0.4901TR + X + 0.0125M/P + 14.8762IR}{0.7582 + 0.4901\tau}$$

根据均衡收入对各个外生变量求偏导，可以得到各个具体的财政政策变量乘数值：

政府支出乘数 $= 1/(0.7582 + 0.4901\tau)$

转移支付乘数 $= 0.4901/(0.7582 + 0.4901\tau)$

税收乘数 $= -0.4901/(0.7582 + 0.4901\tau)$

以各年的财政收入除以当年的 GDP 得到宏观税负，进而求出各年的财政政策变量乘数。财政政策乘数只是描述了财政政策变量对于总产出的影响程度，总产出的实际变化量则需要进一步计算乘数效应，即财政政策变量对于总产出的实际影响程度。根据乘数效应＝财政政策变量的变动量×乘数，可以计算出历年财政政策变量对于 GDP 的影响程度及总效应，见表 2-2、表 2-3 和表 2-4。

表 2-2　政府支出乘数和乘数效应　　　单位：亿元，%

年份	GDP	政府支出乘数	支出变动量	乘数效应	贡献率
1985	8 080.974	1.149	22.051	25.348	0.314
1986	8 786.071	1.162	117.328	136.295	1.551
1987	9 523.225	1.177	25.026	29.454	0.309
1988	10 027.269	1.195	−133.121	−159.089	−1.587
1989	9 532.131	1.194	−83.480	−99.675	−1.046
1990	10 386.991	1.195	110.903	132.537	1.276
1991	11 725.748	1.204	269.276	324.142	2.764
1992	13 521.062	1.213	238.371	289.212	2.139
1993	15 933.149	1.220	294.070	358.631	2.251
1994	17 717.952	1.230	171.147	210.519	1.188
1995	19 340.828	1.234	−55.716	−68.744	−0.355
1996	21 288.244	1.233	224.292	276.448	1.299
1997	23 148.003	1.227	270.825	332.377	1.436
1998	25 069.843	1.220	477.770	583.026	2.326
1999	27 045.740	1.211	614.604	744.035	2.751
2000	29 672.135	1.202	583.844	702.003	2.366
2001	33 009.001	1.191	626.559	746.211	2.261
2002	36 600.025	1.185	548.800	650.187	1.776
2003	41 259.231	1.182	162.221	191.799	0.465

注：表中绝对量指标根据 1984 年为基期的商品零售价格指数调整为不变价格的变量。贡献率是乘数效应与当年 GDP 的比值，表现了政府支出变动对当年 GDP 的拉动。

表 2-3　转移支付乘数和乘数效应　　　单位：亿元，%

年份	GDP	转移支付乘数	转移支付变动量	乘数效应	贡献率
1985	8 080.974	0.563	491.757	277.038	3.428
1986	8 786.071	0.569	−192.614	−109.661	−1.248
1987	9 523.225	0.577	48.571	28.016	0.294
1988	10 027.269	0.586	−22.823	−13.368	−0.133
1989	9 532.131	0.585	34.432	20.149	0.211
1990	10 386.991	0.586	36.822	21.566	0.208
1991	11 725.748	0.590	−29.113	−17.176	−0.146
1992	13 521.062	0.595	3.982	2.368	0.018
1993	15 933.149	0.598	−148.001	−88.460	−0.555
1994	17 717.952	0.603	−33.612	−20.263	−0.114
1995	19 340.828	0.605	93.399	56.478	0.292
1996	21 288.244	0.604	154.630	93.407	0.439
1997	23 148.003	0.601	210.133	126.393	0.546
1998	25 069.843	0.598	207.731	124.238	0.496
1999	27 045.740	0.593	−130.497	−77.425	−0.286
2000	29 672.135	0.589	56.733	33.432	0.113
2001	33 009.001	0.584	56.930	33.229	0.101
2002	36 600.025	0.581	188.503	109.453	0.299
2003	41 259.231	0.579	162.120	93.942	0.228

表 2-4 税收乘数、乘数效应和总效应　　单位：亿元，%

年份	GDP	税收乘数	税收变动量	乘数效应	贡献率	总效应	总贡献率
1985	8 080.974	−0.563	928.376	−523.012	−6.472	−220.627	−2.730
1986	8 786.071	−0.569	−62.871	35.794	0.407	62.429	0.711
1987	9 523.225	−0.577	−83.229	48.008	0.504	105.478	1.108
1988	10 027.269	−0.586	−99.466	58.258	0.581	−114.199	−1.139
1989	9 532.131	−0.585	−51.275	30.005	0.315	−49.521	−0.520
1990	10 386.991	−0.586	21.083	−12.349	−0.119	141.754	1.365
1991	11 725.748	−0.590	47.649	−28.111	−0.240	278.855	2.378
1992	13 521.062	−0.595	75.945	−45.159	−0.334	246.421	1.822
1993	15 933.149	−0.598	241.624	−144.418	−0.906	125.753	0.789
1994	17 717.952	−0.603	−19.664	11.855	0.067	202.111	1.141
1995	19 340.828	−0.605	50.370	−30.459	−0.157	−42.725	−0.221
1996	21 288.244	−0.604	156.852	−94.749	−0.445	275.106	1.292
1997	23 148.003	−0.601	392.199	−235.903	−1.019	222.866	0.963
1998	25 069.843	−0.598	394.388	−235.872	−0.941	471.392	1.880
1999	27 045.740	−0.593	555.375	−329.510	−1.246	337.100	1.246
2000	29 672.135	−0.589	683.896	−403.011	−1.358	332.423	1.120
2001	33 009.001	−0.584	944.314	−551.189	−1.670	228.252	0.691
2002	36 600.025	−0.581	859.556	−499.094	−1.364	260.545	0.712
2003	41 259.231	−0.579	814.410	−471.919	−1.144	−186.178	−0.451

　　从表 2-2、表 2-3 和表 2-4 的计算结果，我们得出结论：

　　1. 我国的政府支出乘数在 1.2 左右，转移支付乘数在 0.6 左右，税收乘数在 −0.6 左右。

　　2. 根据财政政策总效应和总贡献率，财政政策在 1985、1988、1989、1995 和 2003 年的贡献为负，反映了财政政策在 1985、1988、1989 和 1995 年总体上实行的是紧缩政策，与这些年份的实际情况是相符的。而 2003 年实行的是积极的财政政策，反映出来的却是紧缩的效果，笔者认为这是随着积极财政政策的实施，其效果逐渐减弱，积极财政政策的"紧缩效应"❶逐渐显露出来所致。在其他年份，财政政策都有效地拉动了当年的经济增长，其中最小的是在 1986 年拉动 0.711%，最大的是在 1991，对国民经济拉动 2.378%。

3. 我国从 1998 年至 2003 年实施了 6 年的积极财政政策，从财政政策总效应和总贡献率来看，效果是显著的，1998 年，财政政策对当年 GDP 的贡献 1.88%，连续三年贡献率都在 1% 以上。同时积极的财政政策效果存在逐期递减的趋势。

2.3 公共投资促进经济增长的数理模型

Barro（1990）提出的内生增长模型把公共投资纳入其经济增长的框架内，分析在平衡增长路径上，公共资本与经济增长之间的关系。该经济由三个部门构成：代表性家庭、代表性企业和政府。

2.3.1 家庭部门

家庭在其预算约束（2-2）下使效用 U（·）贴现流量 V 最大化：

$$\max V = \int_0^\infty e^{-rt} U[c(t)]\mathrm{d}t = \int_0^\infty e^{-rt}\frac{[c(t)^{1-\sigma}-1]}{(1-\sigma)}\mathrm{d}t \quad (2-1)$$

$$\dot{k}(t) = [\omega(t)+i(t)k(t)](1-\tau)-c(t) \quad (2-2)$$

其中 $c(t)$ 为人均消费，$r>0$ 表示不变的时间偏好率。人口假

---

❶ 刘金全，方雯. 我国积极财政政策"紧缩效应"的形成机制及其检验 [J]. 财经问题研究，2004（7）：41—46.

定不变，且标准化为 1。$\omega(t)$ 为工资率，$i(t)$ 为资本收益率，τ 为所得税率，σ 为消费的边际效用弹性，假定其为常数。$k(t)$ 为人均物质资本，$\dot{k}(t)$ 为资产对时间的导数。同时满足"非蓬齐博弈"，即家庭不能无限借款以致产生无限效用。

2.3.2 企业部门

假定生产部门由一个从事竞争性活动的企业代表，其生产函数为：

$$y = \phi(k, g) = k\varphi\left(\frac{g}{k}\right) \qquad (2\text{-}3)$$

假定生产函数采用柯布—道格拉斯形式：

$$\frac{y}{k} = \varphi\left(\frac{g}{k}\right) = A\left(\frac{g}{k}\right)^a \qquad (2\text{-}4)$$

其中 y 为人均产出，每个工人都不存在劳动与闲暇的选择。g 为人均公共资本，不考虑公共物品的拥挤效应。生产函数此时对于物质资本和公共资本表现出规模收益不变，而对于物质资本则呈现出递减的规模收益。假定市场是竞争的，那么工资率和利率就等于劳动和资本的边际产量：

$$\omega = y(\cdot) - ky(\cdot) \qquad (2\text{-}5)$$

$$i = y(\cdot) = \frac{\partial y}{\partial k} \qquad (2\text{-}6)$$

2.3.3 政府部门

假定政府部门支出通过对所得征税获得。假定政府预算保持平衡，不存在财政赤字或盈余，政府预算为：

$$g = T = \tau y = \tau k\varphi\left(\frac{g}{k}\right) \qquad (2\text{-}7)$$

由于人口数标准化为 1，因此 g 也是总的公共支出。T 是总收入。τ 为税率。

2.3.4 经济均衡分析

根据家庭追求效用贴现流量最大化和其预算约束条件，构建现值汉密尔顿函数：

$$H（\cdot）=U（c）+\gamma[（\omega+ik）（1-\tau）-c]$$

其中 γ 为物质资产的影子价格。根据 $\dfrac{\partial H}{\partial c}=0$，$\dot{\gamma}=-\dfrac{\partial H}{\partial k}+r\gamma$

和 $\dot{k}=\dfrac{\partial H}{\partial \gamma}$ 得到最优解的必要条件：

$$\gamma=c^{-\sigma} \tag{2-8}$$

$$\dot{\gamma}=\gamma[r-（1-\tau）i] \tag{2-9}$$

$$\dot{k}=（\omega+ik）（1-\tau）-c \tag{2-10}$$

（2-8）式两端对时间求导，并结合（2-9）式得到：

$$\frac{\dot{c}}{c}=\frac{1}{\sigma}[（1-\tau）i-r] \tag{2-11}$$

根据（2-3）式和（2-6）式，得到：

$$i=\frac{\partial y}{\partial k}=\varphi\left(\frac{g}{k}\right)\left[1-\varphi'\frac{g}{y}\right]=\varphi\left(\frac{g}{k}\right)（1-\eta） \tag{2-12}$$

其中，η 是产出 y 关于公共资本 g 的弹性，在生产函数采用柯布-道格拉斯形式时，可以得到：

$$\eta=\varphi'\frac{g}{y}=a \tag{2-13}$$

将（2-12）式代入（2-11）式，得到：

$$\dot{\gamma}=\frac{\dot{c}}{c}=\frac{1}{\sigma}\left[（1-\tau）\varphi\left(\frac{g}{k}\right)（1-\eta）-r\right]$$

$$=\frac{1}{\sigma}\left[（1-\tau）A\left(\frac{g}{k}\right)^{a}（1-a）-r\right] \tag{2-14}$$

其中 $\dot{\gamma}$ 为人均均衡增长率，此时消费、物质资本和产出均以相同

的增长率 $\dot\gamma$ 增长，经济不存在转移动态行为（Transitional dynamics）且总是处于稳态增长水平，这时所有的变量都以相同的增长率 $\dot\gamma$ 增长。

由（2-14）式可以看出不同的政府规模，也即不同的 g/y 和 τ 对均衡增长率 $\dot\gamma$ 有两种效应：税率 τ 提高会降低均衡增长率，而提高公共资本在产出中的比重，即提高 g/y 能够提高 $\partial y = \partial k$，进而提高均衡增长率。通常来说，在公共资本比较小时第二种力量占主导地位，在公共资本比较大时第一种力量占主导地位。在柯布-道格拉斯技术条件时，利用（2-13）式和 $g/k = (g/y)\,\varphi\,(g/k)$，求均衡增长率 $\dot\gamma$ 关于 g/y 的导数，得到：

$$\frac{\mathrm{d}\dot\gamma}{\mathrm{d}\,(g/y)} = \frac{1}{\sigma}\varphi\left(\frac{g}{k}\right)(\varphi'-1) \qquad (2\text{-}15)$$

因此在 g/k 足够小使得 $\varphi'>1$，稳态增长率将随着 g/y 的增加而提高。如果 g/k 足够大，使得 $\varphi'<1$，稳态增长率将随着 g/y 的增加而降低。在柯布-道格拉斯技术条件下，使稳态增长率最大的政府规模的条件为 $\varphi'=1$。根据（2-13）式，得到 $g/y = a = \tau$。这也就意味着要最大化稳态增长率，在公共投资作为生产函数的一项投入时，政府应该使公共投资占产出的份额 g/y 等于公共资本的边际产出弹性。

2.4　中国公共投资与经济增长的计量分析

由上面的数理模型分析可以看出经济增长主要取决于物质资本和公共资本，本章在接下来的计量分析中将考虑利用产出、私人资本和公共资本建立 VAR 模型，进行协整检验和脉冲响应分析。

2.4.1　数据与变量

公共投资有两个方面的特征，首先它是由政府投资所形成的，其次它是政府投在基础设施和公共服务领域中的投资。在国家统计局发布的有关固定资产投资数据中，有两种分类可以区分公共投资和非公共投资。一种是从固定资产的投资方向上，可以将除了农林牧渔业、采掘业、制造业、建筑业、批发零售餐饮业、金融保险业、房地产业和其他部分以外的投资看作公共投资，但是这一数据存在对真正意义上的公共投资的高估，因为在所包括的产业中已有私人投资的介入。另一种是从固定资产的资金来源分类上，把预算内固定资产投资作为公共投资。本书采用第二种方法。根据历年的《中国统计年鉴》得到 1981—2003 年的预算内固定资产投资。由于 1978—1980 年刚刚开始改革开放，国家在非国有经济中的固定资产投资额非常少，所以本书将 1978—1980 年国有经济固定资产投资中国家投资[1]的部分近似地看作这三年的公共投资。

样本为 1978—2003 年的年度数据。本书利用固定资产形成总额扣除固定资产投资中的国家预算资金投资作为私人投资，利用国内生产总值表示总产出。该数据来源于《中国统计年鉴》（2004—1998）。

国内生产总值（Y）、私人投资（IP）和公共投资（IG）均利用 1977 年为基期的商品零售价格指数调整为不变价格的变量，并对不变价格变量做自然对数变换，以消除时间序列中存在的异方差现象。变换后的数据分别记做 LnY、LnIP、LnIG。

---

[1]　该数据来自《中国固定资产投资统计数典（1950—2000）》，中国统计出版社，2002 年出版。

2.4.2　变量的平稳性检验

在经济领域内，以往的建模技术存在着动态的稳定性假设。而实际上，经济时间序列通常都是非平稳的，使用非平稳时间序列数据基于稳定模型建模，体现了以往建模技术在经济领域应用的局限性。而 Granger 于 1981 年提出的协整（Cointegration）技术正好弥补了这一稳定假设的不足，协整是描述时间序列之间长期关系的一种统计性质。在检验 GDP、公共投资和私人投资的协整性之前，首先利用 ADF 单位根检验的方法来检验时间序列的平稳性，然后再进行协整关系的检验。

通过单位根检验来确定各个非平稳变量的单整阶数。单位根检验方法很多，一般有 DF、ADF 检验和 Philips 的非参数检验（PP 检验）。其中 Engle-Granger 的基于残差的 ADF 检验是最常用的检验方法。本书利用 ADF 检验来检验数据的平稳性。首先观察变量的时序图，如果序列好像包含有趋势（确定的或随机的），序列回归中应既有常数项又有趋势项。如果序列没有表现任何趋势且有非零均值，回归中应仅有常数项。如果序列在零均值波动，检验回归中应既不含有常数项又不含有趋势项。其次采用 AIC 准则与 SC 准则，在保证残差项不相关的前提下，选择 AIC 值和 SC 值同时为最小时的滞后长度作为最佳滞后长度。检验结果见表 2-5。

表 2-5　时间序列 ADF 单位根检验

变量	检验类型 (c, t, p)	ADF 统计量	1%临界值	5%临界值	DW	结论
LnY	$(c, t, 2)$	-3.4423	-4.4167	-3.6219	2.11	非平稳
LnIP	$(c, t, 3)$	-3.5674	-4.4415	-3.6330	2.03	非平稳
LnIG	$(c, 0, 1)$	-1.7120	-3.7343	-2.9907	1.85	非平稳

续表

变量	检验类型 (c, t, p)	ADF 统计量	1%临界值	5%临界值	DW	结论
D (LnY)	$(c, 0, 10)$	−24.7631	−4.0113	−3.1003	1.80	平稳
D (LnIP)	$(c, 0, 0)$	−3.4196	−3.7343	−2.9907	1.84	平稳
D (LnIG)	$(0, 0, 1)$	−2.9863	−2.6700	−1.9566	1.90	平稳

注：（1）检验形式中的 c 和 t 表示常数项和趋势项，p 表示滞后阶数。（2）ADF 检验的临界值来自软件 Eviews4.0。（3）D 表示一阶差分。

由表 2-5 看出，时间序列 LnY、LnIP、LnIG 经过一阶差分后在 5% 的显著性水平下都是平稳的，所以都是一阶单整序列。

2.4.3 公共投资、私人投资与经济增长长期均衡关系检验

虽然时间序列 LnY、LnIP、LnIG 是非平稳的一阶单整序列，但其可能存在某种平稳的线性组合，这个线性组合反映了变量之间的长期稳定的比例关系，即协整关系。本书使用 Johansen 多变量系统极大似然估计方法对变量时间序列进行协整检验。

Johansen 协整检验是一种基于向量自回归模型的检验方法，在进行协整检验之前，必须首先确定 VAR 模型的结构。表 2-6 给出了五种选择标准下的最优滞后阶数，根据各项标准，选择最大滞后阶数为 3。同时使用 LM 统计量检验残差项有无自相关，White 检验和 ARCH 统计量检验异方差性，JB（Jarque-Bera）检验检验残差的正态性，VAR 模型平稳性检验来检验其平稳性，结果表明，VAR（3）模型的回归残差序列在 5% 的显著性水平下，各方程残差序列均满足正态性，不存在自相关和异方差性，VAR（3）满足平稳性条件，进一步验证了 VAR（3）模型为最优模型。

表 2-6　VAR 模型滞后阶数选择

滞后阶数	LR	FPE	AIC	SC	HQ
0	—	0.000294	0.382789	0.531568	0.417837
1	139.2865	2.94E−07	−6.537170	−5.942056	−6.396979
2	21.56276*	1.68E−07	−7.156506	−6.115056	−6.911171
3	15.28565	1.23E−07*	−7.612128*	−6.124343*	−7.261650*
4	5.93145	1.97E−07	−7.453000	−5.518879	−6.997379

注：1.*表示根据对应的准则选择的滞后阶数。2.LR 为似然比统计量值，FPE 为最终预测误差，HQ 为 Hannan-Quinn 信息值。3 本表来自 Eviews4.0 计算结果。

协整检验模型实际上是对无约束 VAR 模型进行协整约束以后得到的 VAR 模型，该 VAR 模型的滞后期是无约束 VAR 模型一阶差分变量的滞后期，由于 VAR 模型的最优滞后期为 3，因此协整检验的 VAR 模型滞后期为 2。通过模型选择的联合检验，确定序列有线性趋势且协整方程有截距项的模型为最适合的协整检验模型。协整检验是从检验不存在协整关系开始的一系列检验，具体检验过程见表 2-7，检验结果表明在 1%的显著性水平下，变量之间仅存在 1 个协整关系。

表 2-7　Johansen 协整检验结果

特征值	迹统计量	5%临界值	1%临界值	H_0	H_1
0.747687	43.23649	29.68	35.65	$r=0**$	$r\geq1$
0.386267	11.56352	15.41	20.04	$r\leq1$	$r\geq2$
0.014462	0.335047	3.76	6.65	$r\leq2$	$r=3$

注：**表示在 1%的显著性水平上拒绝零假设。r 代表协整关系的个数。

2. 财政政策的经济增长效应（上）

表 2-8　协整系数 β 和调整参数 α

变量	协整系数 β	调整参数 α
LnY	1.000	0.3784
		(0.2734)
LnIG	−0.0750	4.8204
	(0.0131)	(1.2554)
LnIP	−0.821	1.2362
	(0.0070)	(0.4600)

注：括号中的值为标准误差。

协整系数 β 和向量误差修正模型的调整参数 α 在表 2-8 中给出来。观察调整参数矩阵，我们发现向量误差修正模型中 D (LnY) 方程的调整系数很小且不显著。利用似然比检验得到检验统计量为 2.558，概率为 0.11，因此接受零假设：D (LnY) 的调整系数 α_1 显著为零。检验的结果表明 LnY 是弱外生的。施加了零约束后的模型的协整系数和调整参数见表 2-9。

表 2-9　约束模型的协整系数 β 和调整参数 α

变量	协整系数 β	调整参数 α
LnY	1.000	——
LnIG	−0.0679	4.3387
	(0.0139)	(1.2578)
LnIP	−0.8198	0.9424
	(0.0074)	(0.3761)

估计出的协整方程为：

$$EC_t = LnY_t - 0.0679LnIG_t - 0.8198LnIP_t - 2.1844$$
$$\qquad\quad (0.0139) \qquad\quad (0.0074) \qquad\qquad ——标准误$$

协整检验的结果表明公共投资、私人投资和 GDP 之间存在着稳定的长期均衡关系。从长期来说，公共投资和私人投资对于产出进而对于经济增长都具有正的效应。公共投资每增加 1%，产出提高 0.0679%，私人投资每增加 1%，产出提高 0.8198%。从长期来看，私人投资对产出的作用大于公共投资对产出的作用。从调整参数可以看出公共投资向长期均衡关系调整的速度要快于私人投资的调整速度。

2.4.4 脉冲响应分析

根据 Ender 的研究，一个时间序列预测的误差方差是自身扰动及系统其他扰动共同作用的结果。脉冲响应分析的目的就是研究一个系统中，当某一扰动发生时，系统随后的变动多大程度上受到该扰动的影响。脉冲响应函数刻画的是在扰动项上加一个标准差大小的冲击，对于内生变量当前值和未来值所带来的影响。对一个变量的冲击直接影响这个变量，并且通过 VECM 模型的动态结构传导给其他所有的内生变量。

为了对变量间的动态特性有清楚的了解，应用 VECM 模型（由于篇幅所限，VECM 模型在文中省略）进行脉冲响应分析（Impulse-Response）。即计算公共投资和私人投资 1 个单位标准差的冲击（新息）对产出的影响和公共投资 1 个单位标准差对私人投资的影响，脉冲响应曲线如图 2-1。

图 2-1 中的左侧图反映了产出分别对于公共投资 1 个单位的标准差和私人投资 1 个单位标准差的冲击的脉冲响应。从图中可以看出，对于公共投资 1 个单位标准差的冲击，产出的瞬时和短期的响应是正向的，大约在第 2 年时达到最大值，公共投资增加 1%，产出增加 0.025%，表明我国的公共投资政策的时滞大约为 2 年，在第 2 年时政策效果达到最大。此后冲击力度开始减弱，并于第 6 年减弱为 0。随后，产出开始出现明显的负向响应，大约在第 8 年达到负的最大值，此时产出下降

了 0.007％。在第 11 年，形成了一个完整的周期。在这一完整的周期内，产出的累积响应为 0.048，意味着公共投资增加 1％，将带来产出累积提高 0.048％。表现出长期公共投资对于产出的正向拉动，这一结果表明了在我国存在内生增长现象，公共投资对于产出存在一定程度的拉动作用。根据 Barro 的分析，这种正向的响应表明我国公共投资额仍然低于最优公共投资水平。

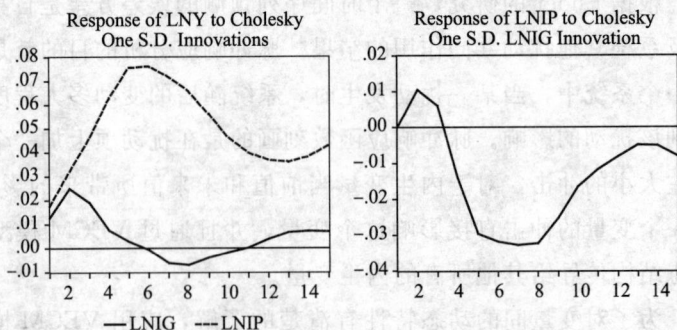

Response of LNY to Cholesky
One S.D. Innovations

Response of LNIP to Cholesky
One S.D. LNIG Innovation

—— LNIG ---- LNIP

图 2-1 基于 VECM 模型做出的脉冲响应图形

从图 2-1 的左侧图同时可以看出，无论短期还是长期，产出对于私人投资 1 个单位标准差的响应都是正向的，大约在第 6 年达到最大值 0.076％。平均来看，私人投资对产出的拉动作用要比公共投资的拉动作用更大一些。

图 2-1 中右侧图反映了私人投资对公共投资 1 个单位标准差冲击的脉冲响应。从图中可以看出，在冲击发生的前 3 年半的时间（短期），私人投资具有正向的响应，表明了在短期内公共投资对于私人投资具有挤进效应，但是这种挤进效应比较弱，即使是在第 2 年达到最大，也才 0.01％。3 年半以后，变为负向的冲击，第 8 年负向的响应达到最大，为 -0.03，其后负向响应逐渐减弱，在第 13 年以后有逐渐趋于平稳的趋势，这时响应仍然为

负向的，但是非常微弱，不足 0.01%。计算私人投资的累积响应，结果表明在前 4 年，公共投资对于私人投资的累积冲击是正向的，对私人投资具有挤进效应，但是其后累计冲击变为负向，对私人投资具有挤出效应，不管是挤出效应还是挤进效应，都比较弱。

2.5　我国最优公共投资规模的估计

2.5.1　模型设定与样本数据说明

假设采取如下产出方程形式：

$$LnY = C + \alpha LnIP + \beta LnL + \gamma LnIG + e \qquad (2-16)$$

其中 Y 代表国内生产总值，IP 代表私人投资，IG 代表公共投资，L 代表劳动力人数。e 为随机扰动项。

在前面关于人均产出模型的分析中，最大化稳态增长率的公共投资份额是：公共投资占产出的份额 g/y 等于公共投资的边际产出弹性。也可以利用（2-16）式从边际收益等于边际成本的角度进行分析。γ 为公共投资的边际产出弹性，由 $\dfrac{dLnY}{dLnIG} = \dfrac{dY}{dIG} \dfrac{IG}{Y}$ 可知，公共投资的边际产出弹性 $\gamma = MPG \dfrac{IG}{Y}$，其中 MPG 为公共投资的边际收益。设 SHARE = IG/Y 表示公共投资占产出的份额，则 $\gamma = MPG \times SHARE$。由于财政每提供一单位公共投资都要使用一单位的社会资源，即公共投资的边际成本为 1，而公共投资的边际收益为 MPG，根据边际成本等于边际收益原则可知，MPG=1，即财政每增加 1 元公共投资支出时，使产出提高 1 元，公共投资的提供才是最优的。Karras（1996）在静态框架下证明了这一条件，并且这种结论具有普遍性。若 MPG>1，表明财政所提供的公共服务不足；若 MPG<1，表明财政所提供的公共服务过度。根据以上假设，最优的公共投资份额 SHARE=γ，也即最优的公共投资份额为：公共投资占产出的比重等于公共投资的边际产出弹性。

样本区间为 1978—2003 年的年度数据，产出、公共投资、私人投资仍然采用本章 2.4 部分分析公共投资与经济增长的有关数据。劳动力人数为各年的从业人数，该数据取自《中国统计年鉴》（2004）。

2.5.2 变量的平稳性检验

在前面的分析中已经对时间序列 LnY、LnIP、LnIG 进行了平稳性检验，发现三个时间序列经过一阶差分后在 5% 的显著性水平下都是平稳的，都是一阶单整序列。运用同样的方法检验时间序列 LnL 的平稳性，结果见表 2-10。检验的结果表明 LnL 在 5% 的显著性水平上是非平稳的，而其一阶差分序列在 1% 的显著性水平上则是平稳的，因此 LnL 也是一阶单整序列。

表 2-10 LnL 的平稳性检验

变量	检验类型 (c, t, p)	ADF 统计量	1% 临界值	5% 临界值	DW
LnL	$(c, 0, 0)$	−0.8170	−4.3738	−3.6027	2.06
D (LnL)	$(c, t, 0)$	−4.6727	−3.7343	−2.9907	1.98

注：①检验形式中的 c 和 t 表示常数项和趋势项，p 表示滞后阶数。②ADF 检验的临界值来自软件 Eviews4.0。（3）D 表示一阶差分。

2.5.3 产出与公共投资、私人投资和劳动力人数关系的协整检验

时间序列 LnY、LnIP、LnIG 和 LnL 是非平稳的一阶单整序列，但其可能存在某种平稳的线性组合，这个线性组合反映了变量之间的长期稳定的比例关系，即协整关系。仍然使用 Johansen 多变量系统极大似然估计方法对变量时间序列进行协整检验。

在进行协整检验之前，首先确定 VAR 模型的结构。表 2-11 给出了五种选择标准下的最优滞后阶数，根据各项标准，选择最优滞后阶数为 4。因此协整检验的 VAR 模型滞后期为 3。通过模型选择的联合检验，确定序列有线性趋势且协整方程有截距项的模型为最适合的协整检验模型。协整检验是从检验不存在协整关系开始的一系列检验，具体检验过程见表 2-12，检验结果表明在 5％和 1％的显著性水平下，变量之间存在 2 个协整关系。

表 2-11　VAR 模型滞后阶数选择

Lag	Log$L$	LR	FPE	AIC	SC	HQ
0	40.05167		4.43E−07	−3.27742	−3.07905	−3.23069
1	138.8273	152.6533	2.47E−10	−10.8025	−9.81063	−10.5688
2	171.283	38.35668	6.57E−11	−12.2985	−10.5131	−11.8779
3	201.1704	24.45334	3.07E−11	−13.5609	−10.9821	−12.9535
4	267.2044	30.01545*	1.23E−12*	−18.10949*	−14.73718*	−17.31507*

注：①* 表示根据对应的准则选择的滞后阶数。②LR 为似然比统计量值，FPE 为最终预测误差，HQ 为 Hannan−Quinn 信息值。③本表来自 Eviews4.0 计算结果。

2. 财政政策的经济增长效应（上）

表 2-12　Johansen 协整检验结果

假设协整方程个数	特征值	迹统计量	5%临界值	1%临界值
无 * *	0.995241	156.9294	47.21	54.46
最多 1 个 * *	0.717988	39.27741	29.68	35.65
最多 2 个	0.275623	11.42966	15.41	20.04
最多 3 个 *	0.178881	4.335915	3.76	6.65

注：* （ * * ）表示在 5% （1%）的显著性水平上拒绝零假设。

续表

假设协整方程个数	特征值	最大特征值迹统计量	5%临界值	1%临界值
None * *	0.995241	117.6520	27.07	32.24
At most 1 * *	0.717988	27.84775	20.97	25.52
At most 2	0.275623	7.093744	14.07	18.63
At most 3 *	0.178881	4.335915	3.76	6.65

注：* （ * * ）表示在 5% （1%）的显著性水平上拒绝零假设。

检验的结果表明存在 2 个协整方程。在显著性水平 1% 下，我们选定系统存在 1 个协整方程：

$$LnY = 6.70 + 0.557LnL + 0.653LnIP + 0.094LnIG$$

$$(0.0490) \quad (0.0139) \quad (0.0049) \quad ——标准误$$

协整检验的结果表明我国产出、劳动投入、私人投资和公共投资之间存在着稳定的长期均衡关系，公共投资、私人投资和劳动投入对于产出进而对于经济增长均具有正的效应。从估计的系数来看，协整回归的结果与前面产出、私人投资和公共投资协整回归的结果差别不大，结论比较一致。从长期来看，私人投资对产出的作用大于公共投资的作用。根据前面的理论分析，我国的最优公共投资规模应该为 9.4%。也即最优的公共投资安排应该是公共投资额占 GDP 比重的 9.4% 左右。这一结论略低于马拴友（2002）10.4% 的分析结果，但是本书的分析无论是在最优公共投资理论，还是在实证分析方法上，均比马拴友的分析改善了很多，因此结论更为可信。

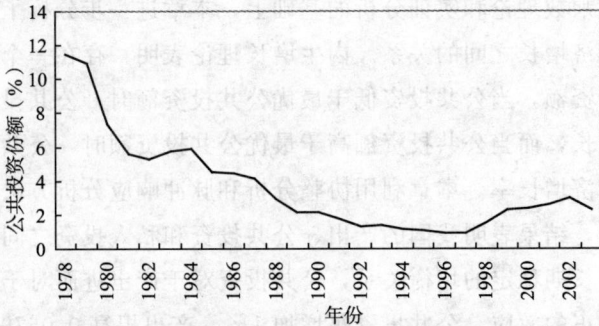

图 2-2　我国历年公共投资占 GDP 比重

从图 2-2 我国历年公共投资占 GDP 的比重可以看出，公共投资在 GDP 中所占份额不断下降，尤其是在 20 世纪 90 年代公共投资占 GDP 的份额仅为 1%～2%。与最优公共投资额相比，除了 1978 和 1979 两年的公共投资份额略高于最优公共投资额之外，其他年份的公共投资份额都低于最优公共投资额，且差别比较大。从 1998 年实施积极财政政策以来，虽然国家增加了公共资本投资量，但是从比重来看，公共投资额还是低于最优公共投资额 7 个百分点左右。不过在积极财政政策实施的前 5 年里，公共投资额在 GDP 中所占的比重开始止跌，并呈缓慢上升的趋势。

2.6　结论与启示

本章利用传统的 IS−LM 模型推导财政政策乘数，并从实证上估计了我国的 IS−LM 模型，测算出 1985—2003 年各年的政府支出乘数、转移支付乘数和税收乘数，各乘数值都不大，在三种政策工具中，政府支出是最主要的政策工具。各年财政政策的总效应和财政政策在当年 GDP 的贡献率表明我国历年的财政政策对经济增长起到了有效的拉动作用。

在乘数理论和实证分析的基础上，本章进一步分析了公共投资与经济增长之间的关系。内生增长理论表明，存在一个最优的公共投资额，当公共投资低于最优公共投资额时，公共投资促进经济增长，而当公共投资额高于最优公共投资额时，公共投资会降低经济增长率。本章利用协整分析和脉冲响应分析方法进行实证分析，结果表明我国的产出、公共投资和私人投资之间存在着唯一的长期稳定的均衡关系，公共投资对于产出进而对于经济增长具有正的效应，公共投资每增加1%，产出提高0.0679%，脉冲响应分析的结果进一步表明无论是短期还是长期，公共投资对产出都具有正向的促进作用，公共投资在第2年对产出的促进效应达到最大。私人投资对产出的作用大于公共投资对产出的作用。脉冲响应分析的结果同时还表明，我国公共投资对私人投资的效应分析应从短期和长期两个方面进行考察，我国公共投资在短期内对私人投资具有挤进效应，但从长期看则具有挤出效应，但是挤出效应和挤进效应都比较弱。

协整分析和脉冲响应的最终结果表明我国的公共投资额还未达到最优公共投资额水平。本章基于内生增长理论模型进一步运用实证分析方法分析我国的最优公共投资额，协整回归的结果表明我国的最优公共投资额占GDP的9.4%左右，我国的公共投资额基本呈现下降的趋势，自20世纪80年代以来我国公共投资额均低于最优公共投资额。

本章分析的结果表明：

第一，要进一步改善政府支出的支出结构。在本章的分析中，政府支出包括政府投资和政府消费两部分，改善政府支出结构，重点是要改善财政支出结构和国债项目资金投向结构，要着力强化和支持社会基础设施和国民经济的重要产业，要合理安排投资布局，调节区域产业结构，支持结构优化和升级，进一步提高财政支出与经济的关联度。

第二，进一步增加公共投资的资本存量，这是保持我国经济高速增长的一个必要条件，同时在短期内也是引导私人投资的重要手段。同时公共投资短期效应最大表明我国公共投资结构存在着不合理的因素，中长期建设投资、基础设施投资等力量薄弱，因此在增加公共投资总量的同时，还要着力优化投资结构。

第三，在当前金融危机的形势下，我国出口受挤压、消费难有较大改观，要保持经济持续增长，必须依靠政府投资。但是决不能重复过去 30 年的投资格局，必须转变政府投资方式。政府投资应主要用于农业基础设施和农村民生工程、保障性住房、教育医疗卫生等社会事业的建设，用于地震灾后恢复重建期间节能减排和生态建设，用于支持企业自主创新、技术改造和服务业发展，有选择地进行铁路、公路、机场和港口等基础设施建设。在投资的过程中一方面要实现经济转型和产业升级，解决我国在产业结构和经济发展方式上与科学发展观不相适应的问题；另一方面要进一步加大科技投入力度，鼓励和支持技术创新，强力推进科技兴国、科技强国战略。

3. 财政政策的经济
增长效应（中）
——税收与经济增长关系的实证分析

　　随着现代税收理论的进一步发展，从片面地强调税收筹集财政收入的功能转向重视税收与经济增长之间的关系，税收负担对社会经济生活和国民经济运行的影响充分地显露出来。投资一项新的资本（包括实物资本和人力资本），实施新的生产技术或引入新的产品是经济增长的基础。通过影响投资的收益或是研究开发过程的预期利润，税收可以改变投资决策，进而影响到经济增长。我国税收收入从绝对量来看，从 1994 年到 2007 年，短短 14 年的时间，我国的税收收入增长了近 8 倍，由 1994 年的 5 126.88 亿元上升到 2007 年的 45 621.97 亿元。从相对量来看，小口径的税收负担[❶]也由 1994 年的 10.96％上升到 2007 年的 18.28％，14 年税收负担上升了 7.32 个百分点。无论是从绝对量来看还是从相对量来看，我国的税收增长速度都是比较快的，那么我国的税收负担对经济增长是否有影响，这种影响是否有利于我国的经济增长呢？本章拟对这些问题进行研究。

---

　　❶　岳树民和安体富（2003）认为宏观税负有三个不同口径的衡量指标，税收收入占 GDP 的比重为小口径的宏观税负，纳入财政预算内管理的财政收入占 GDP 的比重为中口径的宏观税负，政府收入占 GDP 的比重为大口径的宏观税负。

3.1 文献综述

传统的凯恩斯主义的观点认为税收对总产出的乘数效应是负的，即对经济的作用是负向的。而从现代大量研究税收与经济增长的文献来看，不同的研究者研究的结果有所差异，从税收对经济增长的作用不显著到有非常大的作用。

Stokely 和 Rebelo（1995）对美国的数据研究表明税收改革对于美国的经济增长率影响很小或没有影响，而且这一结论在理论上是稳健的，实证上也是一致的。Myles（2000）对英国的研究也表明税收对经济增长的效应非常弱。Mendoza 等（1997）利用 18 个 OECD 国家 1965—1991 年的面板数据资料进行分析，结果表明在 5 年平均的面板数据回归中税收对于经济增长没有显著的效应。Wang 和 Yip（1992）利用中国台湾 1954—1986 年的年度数据资料进行研究，结果表明总税率对于私人产出的长期增长率没有显著的影响，并且指出造成这一结果的原因是消费税对于经济增长的正向影响抵消了要素征税（Factor Taxation）对经济增长的负向影响。Easterly 和 Rebelo（1993）利用 28 个国家1970—1988 年的面板资料进行分析，研究的结果表明税收影响经济增长的证据非常微弱。

Plosser（1993）利用 OECD 国家的数据资料，对资本产出增长率和所得税率作回归，发现二者呈显著的负相关。Marsden（1983）利用多国数据资料分析发现较高的总体税率会降低经济增长率。Reynolds（1985）利用边际税率，Skinner（1987）利用个人和公司所得税率得出了同样的结论。Karras（1999）利用 11 个 OECD 国家 1960—1992 年的数据资料进行分析，结果表明较高的税率对于降低产出水平有着长期的影响。Bibbee 等

（1997）利用 OECD 国家 1980—1995 年的数据资料进行分析，结果表明无论是采用平均税率、边际税率还是平均直接税率，税收都与经济增长呈现出负向的关系。

Capolupo（2000）在 Barro（1990）和 Lucas（1988）模型的基础上进行修正，在他的新模型中，政府投资公共教育从而增加人力资本存量，为了平衡预算，政府对产出征税。他得出结论：由于征税是用于生产性的目的，所以促进了经济的增长。在税率达到 60%～70% 之间，税收都是促进增长的。Uhlig 和 Yanagawa（1996）在世代交叠内生增长模型的基础上，分析了政府支出由资本征税和劳动征税来融资的行为对于经济增长的影响。他们用数理模型证明了由于资本收入随着年龄增加而增加，因此对资本收入征税减轻了年轻人的税收负担，从而留给他们更多的收入可以用于储蓄，而储蓄是缺乏利率弹性的，因此储蓄较多进而增长较快，从而得出结论：在两期的世代交叠模型中较高的资本收入税意味着较快的增长。此外 Turnovsky（1996）和 Capolupo（1996）的研究也表明了税收的正的促进经济增长效应的存在。

学者们不仅研究总的税收和经济增长之间的关系，还进一步地从税收结构的角度来进行分析。税收结构通常是把税收分为对所得征税和对消费征税，对所得征税又分为对资本所得征税和对劳动所得征税。对于资本税，学者们的观点比较一致，认为其是扭曲性税收，降低了经济增长率。对于劳动税，学者们对其是否存在扭曲效应所持观点有所差异，实证分析的结果也各有不同。对于消费税，争论的关键在于效用函数，如果效用函数不包括闲暇，消费税就被划为非扭曲性税收。

格雷纳（2000）利用数理模型得出结论：提高扭曲性税收（所得税）税率意味着对资本收益征收更高的税收，抑制了私人投资，从而减缓经济增长。非扭曲性税收（消费税和劳动税）不影响私人资源的配置，对于经济增长率没有直接的影响。Milesi-Ferretti 和 Roubini（1998a）利用数理模型进行研究，结果表明收入税降低经济增长率，消费税对经济的影响取决于闲暇的定义，当消费税对于选择时间用于闲暇还是生产性活动（劳动和接受教育）产生扭曲，倾向于前者则降低经济增长率。Bleaney 等（2001）则利用 22 个发达国家 1970—1995 年的资料进行实证分析，实证分析的结果表明消费税是非扭曲性税收，利用非扭曲性税收来为生产性消费融资，能够促进经济增长，而扭曲性税收则降低了经济增长率。Zeng 和 Zhang（2001）利用 Howitt 的 R&D 增长模型进行研究，结果表明长期经济增长与消费税和劳动收入税是独立的，而资本收入税则会降低经济增长。Daveri 和 Tabellini（1997）利用 14 个 OECD 国家 1965—1995 年的面板资料进行实证分析，研究表明较高的劳动税减慢了经济增长，而且劳动税的扭曲效应要大于资本税和消费税。

我国国内很多学者也就我国税收和经济增长之间的关系进行了大量的研究。郭庆旺和吕冰洋（2004）利用面板数据分析，研究了我国 1994 年税制改革以来税收增长和经济增长之间的关系，发现税收收入的快速增长给经济增长带来不利的影响，它降低了经济增长率和税后单位资本的产出水平。李晓芳等（2005）利用结构向量自回归模型分析了税收、政府支出对产出的动态冲击效应，得出结论：增加税收抑制投资和私人消费，税收的正冲击对产出仅有负的短期效应，在长期不影响产出。马拴友（2001）利用 Niskanen（1997）的模型研究我国宏观税负与经济增长之间的关系，利用 1979—1999 年的数据资料进行分析，回归结果表明税收对经济增长具有负影响，税收每增加 1 000 元，GDP 大约减少 2 300 元。岳树民和安体富（2003）利用相关分析的结果表明我国宏观税负与经济增长负相关。李永友（2004）把财政支出纳入到税收分析的框架内，利用我国的经验数据分析，得出结论：即使在考虑财政支出的情况下，我国的税收负担对经济增长也具有显著的抑制作用。但这种抑制程度在两种情况下有着很大的差异，在不考虑政府支出时，税收负担每提高一个百分点，经济增长就会下降 0.713 个百分点。但在考虑到财政支出之后，税收对经济增长的抑制程度由原来的 0.713 个百分点下降到 0.33个百分点左右。马拴友和于红霞（2003）对 30 个省份分别进行截面回归，发现地方的边际税率越高，越不利于地方经济的发展，如果降低该地的边际税率，则可以促进该地区经济的发展。

戴子筠（2003）和张伦俊（2005）利用统计指标分析税收与经济增长之间的关系，得出结论：税收和经济增长是良性的、协调的关系。殷红和何穗（2001）利用经典的 Ramsay-Cass-Koop-mans 内生经济增长模型，推导出存在一个金律税收率，它使得整个经济处于平稳最优增长状态，并且当税收路径低于金律税收率时，增加税收有利于经济增长；但是当税收路径的值都高于金律税收率时，再增加税收只会阻碍经济增长。但是他们的分析只限于数理分析，并未进行实证分析。此外梁俊娇（2001）和王诚尧（2000）等学者仅就税收与经济增长之间的关系进行了简要的理论分析，并未做实证的分析和检验。

我国还有部分学者对税收结构与经济增长之间的关系进行了研究。李绍荣和耿莹（2005）从流转税、所得税、资源税、财产税和行为税五个税类分析税收与产出之间的关系，在对柯布—道格拉斯生产函数进行变化后，利用我国的数据进行回归分析，结果表明行为税、资源税和所得税能够促进产出增加，财产税类和特定目的税类会降低产出水平。马拴友（2001）从直接税和间接税的角度进行分析，发现直接税和经济增长显著负相关，而流转税等间接税对经济增长的影响不显著。马拴友（2002）研究了税收结构与经济增长之间的关系，发现所得税、农业税、包括关税的工商税收与经济增长显著负相关。但他指出考虑税收对经济增长的影响时必须考虑财政支出，利用所得税、农业税、工商税和其他预算收入来增加地质勘探、工业交通商业部门事业费以及文化教育事业支出的投资，可以促进经济增长。龚六堂和邹恒甫（2000）分析了一个多级政府税收、政府花费和政府转移支付对经济增长影响的数理模型，他们的分析采用模拟的方法，得出中央政府税收与经济增长的关系为拉弗曲线，地方政府的收入税与经济增长率也是拉弗曲线的关系，地方政府的消费税对经济增长总具有正向的作用，财产税与其他税种相比，扭曲程度最大，始终与经济增长率呈负向的关系。他们的分析始终是以数理分析为基础，并未就我国实际情况分析各种税收与经济增长之间的关系。

关于我国税收与经济增长关系的研究，尽管大部分学者的研究结论比较一致，但是仍然存在以下的不足：①有的研究缺少实证分析的支持。②实证分析的过程中所建立模型缺少理论模型的支持，因此说服力显得较弱。③我国各个省份经济差异比较大，所以将各个省份作为一个总体来研究税收与经济增长的关系可能有所不妥。④税收结构与经济增长之间的分析缺乏相关的理论支持。郭庆旺和吕冰洋（2004）利用面板数据已经得出一些有价值的结论，本章将对格雷纳（2000）模型进行修正，并在修正后的模型框架内利用面板数据分析我国宏观税负与经济增长之间的关系，同时将从所得税、消费税和劳动税的税收结构角度对税收与经济增长之间的关系作进一步的分析。

3.2 模型

格雷纳（2000）模型从所得税、消费税和劳动税三个角度分析税收与经济增长之间的关系，其所指的所得课税包括了劳动所得和资本所得。本章对格雷纳（2000）的模型进行修正，分析资本税、消费税和劳动税与经济增长之间的关系。

经济由三个部门构成：代表性家庭、代表性企业和政府。该代表性家庭的目标是在其预算约束下实现效用贴现流量 V 最大化：

$$\max V = \int_0^\infty e^{-rt} U[C(t)] \mathrm{d}t = \int_0^\infty e^{-rt} [c(t)^{1-\sigma} - 1]/(1-\sigma) \mathrm{d}t \quad (3\text{-}1)$$

其中，$C(t)$ 为消费函数，σ 为消费的边际效用弹性，假定其为常数。r 表示不变的时间偏好率。效用函数 $U(\cdot)$ 是严格凹函数，并且 $U'(\cdot) < 0$。假定劳动供给无弹性，并标准化为 1，这样所有的变量均为人均指标。家庭的预算约束随着政府征收税收的变化而变化。

假定生产部门由一个从事竞争性活动的企业代表，其生产函数为柯布—道格拉斯函数：

$$Y(t) = AK(t)^{1-\alpha} G(t)^\alpha \quad (3\text{-}2)$$

$Y(t)$ 为宏观经济产量，A 为正常数，$K(t)$ 为人均物质资本存量，$G(t)$ 为人均公共资本存量，属于非竞争性、非排他性的公用品。不考虑公共物品的拥挤效应。假定市场是竞争的，那么工资率 ω 和利率 i 就等于劳动和资本的边际产量：

$$\omega = Y(\cdot) - K \cdot Y_K(\cdot) = A\alpha K^{1-\alpha} G^\alpha \quad (3\text{-}3)$$

$$i = A(1-\alpha) K^{-\alpha} G^\alpha \quad (3\text{-}4)$$

假定政府征税后，一方面用于公共消费 $C_p(t)$ 和一次总付

的转移支付 T_p（t），一方面用于基础设施投资 $\dot{G}$（t）和用于投资补贴 $\theta\dot{K}$（t）。假定政府预算保持平衡，T（t）表示在 t 时期的税收收入，政府的预算约束为：

$$
\begin{aligned}
T(t) &= \dot{G}(t) + T_p(t) + C_p(t) + \theta\dot{K}(t) \\
&= \dot{G}(t) + (\varphi_1 + \varphi_2)T(t) + \theta\dot{K}(t)
\end{aligned}
$$

$$T_p(t) = \varphi_1 T(t)$$

$$C_p(t) = \varphi_2 T(t)$$

（3-5）

φ_1 和 φ_2 给出了税收收入用于转移支付和公共消费的部分，且 $\varphi_1 + \varphi_2 < 1$，$\varphi_j \in$（0，1），$j = 1$，2。

3.2.1 资本税收与经济增长关系分析

首先研究对资本所得征税对经济增长的影响。家庭的预算约束为：

$$
\begin{aligned}
C（t）+ \dot{K}（t）= &\omega（t）+ i（t）K（t）(1-\tau) + \\
&\theta\dot{K}（t）+ T_p（t）
\end{aligned}
$$

（3-6）

$\dot{K}$（t）为资产对时间的导数。τ 为资本税率，且 $\tau \in$（0，1）。投资补贴 $\theta \in$（0，1）以每单位总投资的消费品计量。假定物质资本和公共资本的折旧率均为零。

假定内生增长有界，构建现值汉密尔顿函数：

$$H（\cdot）= U（C）+ \gamma_1 \left[-C + \omega + iK(1-\tau) + T_p\right] / (1-\theta)$$

其中 γ_1 为资产的影子价格。满足最优解的必要条件为：

$$\gamma_1 = U_c（C）(1-\theta)$$

（3-7）

$$\dot{\gamma_1} = \gamma_1 r - \gamma_1 \left(\frac{1-\tau}{1-\theta}\right) i$$

（3-8）

$$\dot{K} = \frac{-C + \omega + iK(1-\tau) + T_p}{1-\theta}$$

（3-9）

汉密尔顿函数 H（$\cdot$）是控制变量和状态变量上的联合凹函数，

在有限横截性条件得到满足的情况下，最优必要条件也是充分条件。

已知在均衡状态下，税收收入 T 为：

$$T = \tau i K = \tau \left(1 - \alpha\right) A K^{1-\alpha} G^{\alpha} \tag{3-10}$$

因此政府预算可以重新写为：

$$\tau \left(1 - \alpha\right) A K^{1-\alpha} G^{\alpha} = \dot{G} \left(t\right) + \left(\varphi_1 + \varphi_2\right) \tau \left(1 - \alpha\right)$$
$$A K^{1-\alpha} G^{\alpha} + \theta \dot{K} \left(t\right) \tag{3-11}$$

这等同于：

$$\dot{G} = \tau \left(1 - \alpha\right) A K^{1-\alpha} G^{\alpha} \left(1 - \varphi_1 - \varphi_2\right) - \theta \dot{K} \left(t\right) \tag{3-12}$$

利用最优解的必要条件（3-7）式、（3-8）式以及均衡条件（3-4）式，可以得到消费增长率：

$$\frac{\dot{C}}{C} = \frac{1}{\sigma} \left[-r + \left(\frac{1-\tau}{1-\theta}\right) \left(1 - \alpha\right) A K^{-\alpha} G^{\alpha} \right] \tag{3-13}$$

利用最优解必要条件（3-9）式、均衡条件（3-3）式和（3-4）式以及 T_p 的定义，可以得到物质资本存量增长率：

$$\frac{\dot{K}}{K} = -\frac{C}{K} \frac{1}{1-\theta} + \frac{1 - \tau \left(1 - \alpha\right) + \varphi_1 \tau \left(1 - \alpha\right)}{1 - \theta} A K^{-\alpha} G^{\alpha} \tag{3-14}$$

利用公共资本的变化方程式（3-12）、最优解必要条件（3-9）式、均衡条件（3-3）式和（3-4）式，可以得到公共资本增长率：

$$\frac{\dot{G}}{G} = A \left(\frac{K}{G}\right)^{1-\alpha} \left[\tau \left(1 - \alpha\right) \left(1 - \varphi_1 - \varphi_2\right) - \frac{\theta \alpha}{1 - \theta} - \right.$$
$$\left. \frac{\theta \left(1 - \alpha\right) \left(1 - \tau + \varphi_1 \tau\right)}{1 - \theta} \right] + \frac{\theta}{1 - \theta} \frac{C}{G} \tag{3-15}$$

这样，经济完全可以用消费增长率（3-13）式、物质资本存量增长率（3-14）和公共资本增长率（3-15）式所构成的一组方程来描述。该方程组反映了经济的平衡增长路径，在该路径上，所有的变量以相同的增长率增长。

由（3-13）式表示的平衡增长率可以看出，经济增长率除了是公共资本私人资本存量之比的函数外，还受到资本税收的影响，提高资本税率，将会降低经济的平衡增长率。究其原因，由描述资本影子价格变化的（3-8）式可以看出，资本税率的变化影响私人投资的水平，从而改变私人资源的配置，从而对经济增长率产生影响。

3.2.2 消费税收与经济增长之间的关系

用消费税取代资本税，在这种情况下，家庭的预算约束为：

$$C(t)(1+\tau_c)+\dot{K}(t)=\omega(t)+i(t)K(t)+$$
$$\theta\dot{K}(t)+T_p(t) \tag{3-16}$$

其中，消费税率 $\tau_c \in (0,1)$。假定增长率有界，平衡增长率 $g<r$。因此代表性家庭效用最大化问题（3-1）有解。构建现值汉密尔顿函数：

$$H(\cdot)=U(C)+\gamma_2[-C(1+\tau_c)+\omega+iK+$$
$$T_p]/(1-\theta) \tag{3-17}$$

其中 γ_2 为资产的影子价格。满足最优解的必要条件为：

$$\gamma_2=U_c(C)(\frac{1-\theta}{1+\tau_c}) \tag{3-18}$$

$$\dot{\gamma_2}=\gamma_2 r-\gamma_2(\frac{1}{1-\theta})i \tag{3-19}$$

$$\dot{K}=\frac{-C(1+\tau_c)+\omega+iK+T_p}{1-\theta} \tag{3-20}$$

政府的预算约束仍然是：

$$T=\dot{G}+(\varphi_1+\varphi_2)T+\theta\dot{K}$$

此时：

$$T=\tau_c C \tag{3-21}$$

国民收入恒等式为：

$$\omega + iK = AK^{1-\alpha}G^\alpha \qquad (3\text{-}22)$$

因此政府预算约束可以重新写为：

$$\dot{G} = \tau_c C \frac{1 - \varphi_1 - \varphi_2 + \theta\varphi_2}{1 - \theta} + \frac{\theta}{1 - \theta}(C - AK^{1-\alpha}G^\alpha) \qquad (3\text{-}23)$$

利用最优解的必要条件（3-18）式、（3-19）式和（3-20）式和政府预算约束（3-23）式，以及（3-21）式、（3-22）式和均衡条件（3-3）式和（3-4）式，可以得到一组描述经济平衡增长路径的方程：

$$\frac{\dot{C}}{C} = \frac{1}{\sigma}\left[-r + \frac{1-\alpha}{1-\theta}AK^{-\alpha}G^\alpha\right] \qquad (3\text{-}24)$$

$$\frac{\dot{K}}{K} = -\frac{C}{K}\left[\frac{1 + \tau_c - \varphi_1\tau_c}{1 - \theta}\right] + \frac{A}{1-\theta}K^{-\alpha}G^\alpha \qquad (3\text{-}25)$$

$$\frac{\dot{G}}{G} = \tau_c \frac{C}{G}\left(\frac{1 - \varphi_1 - \varphi_2 + \theta\varphi_2}{1 - \theta}\right) + \frac{\theta}{1-\theta}\left(\frac{C}{G} - A\left(\frac{K}{G}\right)^{1-\alpha}\right) \qquad (3\text{-}26)$$

由（3-24）式可以分析消费税率对平衡增长率的影响，可以看出消费税的变化对经济增长没有直接的影响。这也可以从最优解的必要条件，描述资本影子价格变化的（3-19）式看出消费税与资本的影子价格变化无关，因而消费税的提高不影响私人资本的配置，而只通过改变 G/K 的比率影响经济增长。如果增加的税收收入用于公共投资，那么这一比率就会提高，从而促进经济增长。

3.2.3　劳动税收与经济增长之间的关系

假定政府征收劳动税 τ_L，在这种情况下，家庭预算约束可以表示为：

$$C(t) + \dot{K}(t) = \omega(t)(1 - \tau_L) + i(t)K(t)$$
$$+ \theta\dot{K}(t) + T_p(t) \qquad (3\text{-}27)$$

假定增长率有界，平衡增长率 $g < r$。因此代表性家庭效用最大

化问题（3-1）式有解。构建现值汉密尔顿函数：

$$H（\cdot）=U（C）+\gamma_3\left[-C+\omega（1-\tau_L）\right.$$
$$\left.+iK+T_p\right]/（1-\theta） \tag{3-28}$$

其中 γ_3 为对应的资产的影子价格。满足最优解的必要条件为：

$$\gamma_3=U_c（C）（1-\theta）$$

$$\dot{\gamma_3}=\gamma_3 r-\gamma_3（\frac{1}{1-\theta}）i$$

$$\dot{K}=\frac{-C+\omega（1-\tau_L）+iK+T_p}{1-\theta}$$

此时的税收收入为：

$$T=\omega\tau_L$$

因此仿照前面的做法，可以得到一组描述经济平衡增长路径的方程：

$$\frac{\dot{C}}{C}=\frac{1}{\sigma}\left[-r+\frac{1-\alpha}{1-\theta}AK^{-\alpha}G^\alpha\right] \tag{3-29}$$

$$\frac{\dot{K}}{K}=\frac{1}{1-\theta}\left[-\frac{C}{K}+(1-(1-\varphi_1)\alpha\tau_L)A(\frac{G}{K})^\alpha\right] \tag{3-30}$$

$$\frac{\dot{G}}{G}=A(\frac{K}{G})^{1-\alpha}\left\{\alpha\tau_L(1-\varphi_1-\varphi_2)-\frac{\theta\left[1-(1-\varphi_1)\alpha\tau_L\right]}{1-\theta}\right\}$$
$$+\frac{\theta}{1-\theta}\frac{C}{G} \tag{3-31}$$

从平衡增长率公式（3-29）式可以看出，与征收消费税一样，劳动税不改变私人资本的影子价格的变动 γ_3，劳动税的变动不影响私人资源的配置，因此也不直接影响平衡增长率。但是如果增加的税收用于公共投资，就能够提高 G/K 的比率，从而促进经济增长。

由我们分析得出的三种情形下的平衡增长率（3-13）式、（3-24）式和（3-29）式，我们可以得出结论提高资本税率将改变私人资源的配置，从而降低经济增长率。而消费税和劳动税的变化对平衡增长率没有直接影响，如果增加的税收收入用于公共投资的话，可以提高公共投资私人投资比，从而促进经济增长。

3.2.4 实证模型的确定

根据上面的分析结果，经济增长率 g 是税率和反映公共资本的公共资本私人资本比的函数，即：

$$g = f\ (\tau,\ G/K)$$

考虑到缺乏我国各省公共投资的具体数据，同时结合赫尔姆斯在研究税收对州个人收入增长的效应时，证明考虑州或地方政府的财政支出政策有利于研究税收的效应[1]，因此本章在实证模型中引入各个省份的财政支出数据，代替对公共投资的研究。内生增长理论认为，一国经济的长期增长取决于以知识或技术进步、人力资本等为核心的内生变量，并且这些内生变量对政府政策特别是财政政策是敏感的。Milesi-Ferretti 和 Roubini (1998b) 在内生增长的框架内研究要素收入税的经济增长效应时，引入了人力资本变量，发现当人力资本作为市场产品时，要素收入税对经济增长的负向影响要更强一些。因此在本章的研究中，把人力资本这一重要的因素也引入到模型中来。

因此，最终确定我国宏观税负和经济增长的面板数据模型，共包含四个经济变量：人均 GDP 增长率（PGDP），宏观税负（TAXB），财政支出占当年 GDP 的比重（G）和人力资本（H），即：

$$PGDP = f\ (TAXB,\ G,\ H) \tag{3-32}$$

来进行实证分析。本章将首先分析宏观税负与经济增长之间的关系，然后将资本税率、劳动税率和消费率共同的引入模型，以分

---

[1] 马拴友. 税收结构与经济增长 [J]. 税务与经济，2002 (1)：4−6.

中国财政政策效应的测度研究

3. 财政政策的经济增长效应（中）

析税收结构与经济增长之间的关系。

3.3 宏观税负与经济增长关系的实证分析

3.3.1 实证分析方法——面板数据模型

面板数据模型一般形式为：

$$Y_{it} = \alpha_{it} + \beta_{it} x_{it} + \mu_{it} \quad i=1, 2, \cdots N, \ t=1, 2, \cdots T \quad (3\text{-}33)$$

其中 x_{it} 是影响所有横截面单元的外生变量向量，β_{it} 是参数向量；α_{it} 代表了截面单元的个体特性，反映了模型中被遗漏的体现个体差异变量的影响；μ_{it} 是个体时期变量，代表模型中被遗漏的体现随截面与时序同时变化的因素的影响。下标 i 代表不同个体，t 代表时间。

假定时间序列参数齐性，即参数不随时间变化，上式可以写为：

$$Y_{it} = \alpha_i + \beta_i x_{it} + \mu_{it} \quad (3\text{-}34)$$

其中 α_i 和 β_i 取值只受到截面单元不同的影响，这时的模型为变系数模型。在参数不随时间变化的情况下，截距和斜率又可以有如下两种假设：

假设 1：混合回归模型，也即截距和斜率在不同的横截面样本点上都是相同的，即：

$$Y_{it} = \alpha + \beta x_{it} + \mu_{it} \quad (3\text{-}35)$$

假设 2：变截距模型，也即斜率在不同的横截面样本点都是相同的，但截距不同，即：

$$Y_{it} = \alpha_i + \beta x_{it} + \mu_{it} \quad (3\text{-}36)$$

要对模型进行正确的估计，必须对模型的设定进行检验。首先检验假设 1，如果检验接受了假设 1，则没有必要进行进一步的检验；如果拒绝了假设 1，就应该检验假设 2，如果假设 2 也被拒绝，就采用（3-34）式表示的变系数模型。

对两个假设的检验是根据 F 检验进行的，检验假设 1 的 F 统计量为：

$$F_1 = \frac{(S_3 - S_1) \ / \ [(N-1)(K+1)]}{S_1[NT-N(K+1)]} \sim F$$

$$[(N-1)(K+1), [NT-N(K+1)]] \qquad (3-37)$$

检验假设 2 的 F 统计量为：

$$F_2 = \frac{(S_2 - S_1) \ / \ [(N-1)K]}{S_1 / \ [NT-N(K+1)]} \sim F$$

$$[(N-1)K, \ NT-N(K+1)] \qquad (3-38)$$

在式（3-37）和式（3-38）中，S_1、S_2 和 S_3 分别为采用模型（3-34）、（3-36）和（3-35）时的残差平方和，N 为截面样本点的个数，T 为时序期数，K 为自变量的数目。

3.3.2 数据来源

本书研究 1994 年税制改革以来我国的宏观税负与经济增长之间的关系，样本区间选择为 1994—2003 年。以全国各个省市自治区（以下均简称为各省）为研究个体，重庆并入四川省，新疆统计数据由于部分指标无法获得没有列入分析。因此本书实际包含 29 个省份的数据资料。

本书的宏观税负由各个省份税收收入占 GDP 比重求得，也即为小口径税收负担。人均 GDP 增长率由不变价格人均 GDP 求得。人力资本由于缺乏各省在各个年份不同学历层次人数统计的详细资料，因此本章采用刘溶沧和马拴友（2001）的做法，以大中小在校生数与教育水平加权平均表示，$H = ENRP + 2ENRS + 3ENRT$，其中 ENRP、ENRS、ENRT 分别为小学、中学和大学在校生占总人口的比重。

3.3.3　实证分析过程

首先比较东部、中部和西部三大经济带的宏观税负情况，见表 3-1。由表 3-1 可以看出，三大经济带中，无论是从平均数、中位数还是最大值来看，我国东部经济带的税收负担都是最高的，其税收负担的最小值略低于其他两个经济带，但从总体来看，我国东部经济带在三大经济带中税收负担是最重的。从中部和西部经济带的宏观税负来看，除了最小税负两大经济带无差别之外，从平均值、中位数和最大值来看，中部经济带的税收负担比西部经济带的税收负担低 1 个百分点左右。所以三大经济带中，东部税收负担最高，中部税收负担平均来看，比西部税收负担约低 1 个百分点。

表 3-1　东部、中部和西部经济带税负比较

	东部	中部	西部
平均税负	6.72	4.52	5.58
税负中位数	5.93	4.40	5.26
最大税负	16.80	8.22	9.67
最小税负	2.84	2.98	2.98
税负标准差	3.15	1.02	1.45
观测（NT）	110	80	100
截面（N）	11	8	10

以中国 29 个省份 1994—2003 年的相关数据进行 F 检验，得到 $F_1=1.75$，$F_2=1.74$，均大于 5% 的显著性水平对应的临界值，所以拒绝假设 2，即采用变系数模型。这表明中国在 1994 年税制改革以来 29 个省份税收对经济增长的影响是不一致的，不同地区之间的差异是显著的。由于数据较多，本章在此不再列

出。为了考察在不同的经济发展水平地区税收与经济增长之间的关系，接下来本章分别对我国东部、中部和西部税收与经济增长进行类似的分析。

表 3-2　东部、中部和西部经济带模型选取的 F 检验

	东部	中部	西部
F_1	3.57	2.15	1.41*
F_2	1.93*	2.74	
模型形式	变截距模型	变系数模型	混合回归模型

说明：1. * 表明在 1% 的显著性水平上接受对应的原假设。2. 东部包括北京、天津、河北、辽宁、上海、江苏、浙江、福建、山东、广东、海南。中部包括山西、吉林、黑龙江、安徽、江西、河南、湖北、湖南。西部包括四川、贵州、云南、西藏、陕西、甘肃、青海、宁夏、广西、内蒙古，其中重庆并入四川，新疆由于部分数据没有获得而没有进行分析。

表 3-2 的结果显示，在 1% 的显著性水平下，我国东部经济带 F_1 值大于临界值，而 F_2 值小于临界值，表明税收、财政支出和人力资本在东部地区不同省份之间对经济增长的影响没有显著的不同，但是不同省份的经济发展水平对各自的经济增长影响有着显著的差异。因此对于东部经济带，本章采用（3-36）式，即变截距形式。中部经济带 F_1 值和 F_2 值均大于临界值，表明中部经济带各个省份之间经济增长的影响因素表现出相当的不一致性，不同地区差异是显著的，因此对中部经济带本章采用变系数模型，即（3-34）式。西部经济带的 F_1 值小于临界值，表明西部各个省份之间经济增长的影响因素表现出相当的一致性，税收、财政支出和人力资本在不同省份之间对经济增长的影响没有显著的不同，因此对西部经济带采用混合回归模型，即（3-35）式。

在区域经济的研究中，检验通常发现误差项与解释变量是显

者相关的，因此固定效应通常优于随机效应。考虑到各个省份之间经济规模的差异比较大，可能存在截面异方差，本书采用横截面加权的方法进行回归，各个经济带回归后的结果分别见表 3-3 和表 3-4。

表 3-3　东部经济带税收与经济增长面板数据分析结果

变量	系数	t 值	p 值	调整后的 R^2	F	DW
TAXB	−0.77	−1.8660	0.0651	0.63	15.55	1.38
G	1.11	3.6191	0.0005			
H	34.06	1.7568	0.0821			

续表：各省固定效应

北京	天津	河北	辽宁	上海	江苏	浙江	福建	山东	广东	海南
−1.72	1.87	−0.96	−3.30	0.54	2.99	5.68	2.48	2.59	−1.43	−8.75

由东部经济带的回归结果可以看出，东部地区的宏观税负与经济增长显著负相关，东部地区宏观税负提高 1 个百分点，平均将会使人均 GDP 增长率下降 0.77 个百分点。此外东部地区财政支出和人力资本均对于经济增长起到了显著的推动作用。

表 3-4　中部地区税收与经济增长面板数据分析结果

省份	税收变量系数	t 值	p 值
山西	−12.59	−2.80	0.01
吉林	4.16	0.32	0.75
黑龙江	−6.91	−1.01	0.32
安徽	−4.61	−1.43	0.16
江西	2.02	1.40	0.17
河南	−13.84	−1.63	0.11
湖北	−0.63	−0.11	0.92
湖南	4.21	0.54	0.59

3. 财政政策的经济增长效应（中）

由中部经济带的回归结果可以看出，在8个省份中，山西省的税收负担对经济增长有显著的抑制作用，其他省份税收对经济增长无显著的作用。究其原因，作者计算了1994—2003年这8个省份的税收负担状况，见表3-5。由表3-5可以看出，无论从两个平均指标来看，还是从最低税负来看，在8个省份中，山西省的平均税负是最高的。

表 3-5　中部 8 省税负比较

	山西	吉林	黑龙江	安徽	江西	河南	湖北	湖南
平均税负	5.6783	4.7054	4.8068	4.3995	5.6768	3.7337	3.5382	3.6053
税负中位数	5.7210	4.7320	4.8401	4.5418	5.4875	3.7398	3.7083	3.5440
最大税负	6.4405	5.2116	5.1063	4.9896	8.2191	4.0195	3.9540	4.0229
最小税负	5.0374	4.2295	4.4324	3.5170	4.1380	3.4452	2.9804	3.3017
税负标准差	0.5234	0.3595	0.2503	0.4761	1.5104	0.1829	0.4100	0.2633

西部地区的回归分析结果为：

$$PGDP = -10.77 + 0.32TAXB + 0.17G + 62.18H$$

$$(1.16) \qquad (5.24) \qquad (5.00) \qquad —— t\ 值$$

$$(0.25) \qquad (0.00) \qquad (0.00) \qquad —— P\ 值$$

Adj $R^2 = 0.40$，$F = 22.7$，DW $= 1.32$

西部地区采用混合回归模型，表明西部经济带各个省份之间影响经济增长的因素表现出相当的一致性，不同省份差异并不显著。由西部的分析结果可以看出，西部经济带的税收负担对经济增长无显著的影响。

综合三个经济带回归分析的结果，我们看出，在三个经济带中，东部地区的平均税收负担最高，税收对经济增长起到了显著的抑制作用，提高税收将会降低该经济带的经济增长速度。在中部经济带和西部经济带，除极少数省份外，税收对经济增长的作用不显著。这一实证分析的结果再次表明我国各个省份之间差异比较大，将各个省份作为一个总体分析税收与经济增长之间的关系有所不妥。同时也表明税收负担越高，越有可能降低经济增长速度。

3.4 税收结构与经济增长关系的实证分析

3.4.1 数据来源与指标计算

本部分分析的主要指标是人均 GDP 增长率（PGDP）、劳动税率（LATAX）、资本税率（CATAX）和消费税率（COTAX）四个指标。人均 GDP 在利用 GDP 缩减指数变换为不变价格的人均 GDP 后，可以求得人均 GDP 增长率。

劳动税率由劳动税收/劳动收入求得，其中劳动收入＝劳动报酬＋劳动税收。劳动报酬由各年统计年鉴中各省收入法 GDP 中的劳动报酬加总得到。1983 和 1984 年两步利改税以来，我国对劳动要素的收入征税主要包括个人所得税、农牧业税和社会保险基金。其中个人所得税包括过去的个人收入调节税和城乡个体工商户所得税。我国农牧业劳动力资源丰富，农牧业生产主要依靠劳动投入精耕细作，是劳动集约型，资本投入相对较少，因而基本属于对农民的劳动所得征税。社会保险基金缴纳，国际上一般把社会保障缴款作为税收和政府收入的一部分。我国的社会保险，包括养老保险、失业保险、医疗保险、工伤保险和生育保险，也是由政府举办的事业，是按照政府的规定缴纳的社会保险基金，由于它是对劳动工资征收的，因此也属于对劳动要素收入征税。

资本税率由资本税收/资本收入求得，其中资本收入＝营业盈余－国有企业亏损补贴＋资本税收。营业盈余来自历年统计年鉴各省收入法 GDP 中的营业盈余加总，国有企业亏损补贴来自财政支出。我国对资本要素征税的税种包括：企业所得税、增值税、营业税、土地使用税、土地增值税、耕地占用税、房产税、车船使用税、车辆购置税、牲畜交易税、契税、印花税、资源税、城市维护建设税、烧油特别税和固定资产投资方向调节税。这些税种主要是对财产、资本或投资征收，税负主要由资本收入负担。但是 1994 年以前的产品税、增值税和营业税等流转税并不全部属于对资本征税，例如对机器设备和生产资料征收的增值税属于对资本要素征税，而对消费品征税则属于对消费支出征税。因此，本章利用支出法 GDP 中最终消费和资本形成总额的比例，将增值税、1994 年以前的产品税和 1994 年税制改革前的营业税分为资本税和消费税两部分，改革后的营业税则作为对资本征税处理。

消费税率由消费税收/最终消费求得，其中最终消费来自支出法 GDP。对消费支出征税也即对购买商品和劳务进行消费时征税，这些税种除了来自流转税中的部分税收外，还包括 1994 年新开征的消费税、农业特产税、屠宰税、筵席税和 1994 年税制改革前的集市交易税、特别消费税和盐税。

本书分析的数据区间为 1985—2003 年。所有指标均来自《中国统计年鉴》(1986—2003)、《中国税务年鉴》(1993—2003)和国家税务总局网站中的税收统计部分。

做出 1985—2003 年消费税率、资本税率和劳动税率的变化趋势图，见图 3-1。由图 3-1 可以看出，我国对资本征税较高，而对消费和劳动征税较低。同时观察三个税种 1985—2003 年的变化，可以看出资本税率虽然在 20 世纪 90 年代中期有一定的降低，但是自 1996 年资本税率又有所提高，18 年来资本税率平均为 25.9%。我国的劳动税率基本保持逐步提高的趋势，消费税率则呈现出缓慢的下降趋势。

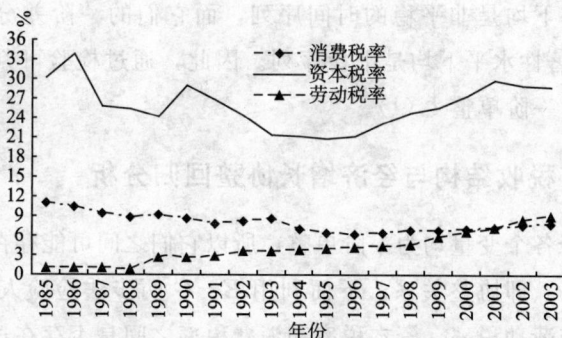

图 3-1　1985—2003 年消费税率、资本税率和劳动税率

3.4.2　数据平稳性检验

协整是描述时间序列之间长期关系的一种统计性质。检验变量间是否具有协整关系之前，首先要检验数据的平稳性。利用 ADF 检验来检验数据的平稳性，检验思路和第二章平稳性检验思路一致。具体检验结果见表 3-6。

表 3-6　实际经济变量时间序列的单位根检验结果

变量	检验类型 (c, t, p)	ADF 值	1%临界值	5%临界值	DW
CATAX	$(0, 0, 2)$	-1.0236	-2.7158	-1.9627	1.89
COTAX	$(c, 0, 2)$	-0.6076	-3.8877	-3.0521	1.69
LATAX	$(c, t, 0)$	-1.0236	-4.5743	-3.6920	1.86
D (PGDP)	$(0, 0, 1)$	-3.6194	-2.7158	-1.9627	1.90
D (CATAX)	$(0, 0, 1)$	-2.8182	-2.7158	-1.9627	1.73
D (COTAX)	$(0, 0, 1)$	-3.4577	-2.7275	-1.9642	1.85
D (LATAX)	$(c, 0, 0)$	-4.5350	-3.8572	-3.0400	2.04

注：①检验类型 (c, t, p)，其中 c 表示常数项，t 表示趋势项，p 表示滞后阶数。②D 表示一阶差分。

由表 3-6 的单位根检验结果可以看出，各个变量在 5％的显著性水平下均是非平稳的时间序列，而它们的一阶差分序列在 1％的显著性水平下均是平稳序列。因此，通过检验可判断各个变量均为一阶单整 $I(1)$。

3.4.3 税收结构与经济增长协整回归分析

由于各个变量均为一阶单整，所以它们之间可能存在长期的均衡关系，即协整关系。下面利用 $E-G$ 两步法检验人均 GDP 增长率与劳动税率、资本税率和消费税率之间是否存在长期的均衡关系❶，回归结果如下：

$$PGDP=18.67-1.435CATAX+3.119COTAX-0.072LATAX$$

$$(-3.4419) \qquad (2.2670) \qquad (-0.1136) \qquad —t\ 值$$

$R^2=0.58$, Adj $R^2=0.50$, $F=7.00$, DW=1.53,

JB=1.08 (0.58) WHITE=0.60 (0.73),

LM (1) =0.91 (0.36), LM (2) =0.49 (0.62),

ARCH (1) =0.00 (0.99), ARCH (2) =0.50 (0.61),

RESET (1) =0.14 (0.72), RESET (2) =0.68 (0.53)

对模型的残差项进行 ADF 检验，采用无常数项和漂移项的形式，根据 AIC 准则和 SC 准则，确定最优滞后阶数为 0，检验统计量为 -3.2396，检验结果表明该模型的残差项在 1％的显著性水平上是平稳的。因此 ADF 检验的结果表明人均 GDP 增长率与劳动税率、资本税率和消费税率之间存在长期的均衡关系。分析上面各种诊断检验统计量，残差的正态性检验（JB 检验）的结果表明残差服从正态分布。1 阶和 2 阶的拉格朗日乘数检验

---

❶ 考虑到数据期有限，本部分的回归模型不再考虑财政支出和人力资本变量。模型建立后的 RESET 检验表明所使用的模型是正确的。

LM（1）和 LM（2）的结果表明不存在序列相关。1 阶和 2 阶的自回归条件异方差检验 ARCH（1）和 ARCH（2）的结果表明序列不存在自回归条件异方差。1 阶和 2 阶模型设定误差的检验 RESET（1）和 RESET（2）的结果表明模型形式正确。检验统计量的 p 值在括号中给出。

回归的结果表明我国对资本征税显著地降低了人均 GDP 增长率，不利于经济的增长。对于消费征税能够显著地提高人均 GDP 增长率，有利于经济的增长。而对于劳动征税对人均 GDP 增长率没有显著的作用，对经济增长无显著的影响。这一实证分析的结果与格雷纳（2000）修正模型的数理分析结果一致。

3.5　结论与启示

本章在对格雷纳模型修正的基础上，运用面板数据分析的方法分析我国宏观税负与经济增长之间的关系，分析的结果表明东部经济带平均宏观税负较高，对经济增长的抑制作用比较显著，而中部经济带和西部经济带宏观税负低于东部经济带，其税收对经济增长的作用不显著。接下来本章进一步分析税收结构与经济增长之间的关系，协整回归的结果表明我国对资本征税显著地降低了人均 GDP 增长率，不利于经济增长。对劳动征税对人均 GDP 增长率没有显著的影响，对消费征税则显著地提高了人均 GDP 增长率，有利于经济的增长。

我国大部分学者的观点是我国总体税负是不利于经济增长的，本章运用面板数据分析方法对这一问题进行了更详细的研究，发现对不同的省份，结论是有所差别的。同时税收结构与经济增长的分析结论也给我们开辟了新的视角，对于当前的税收政策制定具有重要的意义。

3. 财政政策的经济增长效应（中）

从目前我国的税收负担与经济增长之间的关系来看，尤其是从东部经济带所表现出来的二者之间的关系来看，我国应该控制税收负担水平。但是从我国的基本情况来看，我国经济的长期发展需要有充足的税收收入做支持，似乎不具备减税的条件❶。但是既不增加税负，又不降低税负，并不等于税收政策无所作为。我国税收政策的基本操作思路应该是有增有减的结构性税收政策调整。在目前这场影响世界经济的全球性金融危机形势下，减税一向被视为应对经济紧缩周期的不二法门，目的是促进企业投资和个人消费，刺激经济增长。面对当前的金融危机，减税的具体计划必须立足于明确的目标——长期有助于建立平衡的财政和健康的经济，短期有利于经济复苏。

从经济的长期发展来看，在税基的选择上，我国应该尽量选择以消费支出和劳动收入为税基，加强对劳动收入和消费支出的征税，尤其是要加强对于高档消费品和高档娱乐场所消费的征税，加强对高收入者的征税，降低或减免对百姓生活必需品所征的消费税，降低中低收入者的税收负担。同时适当地减免或降低资本所得税，尽快将生产性增值税转变为消费型增值税，实行更快的加速折旧制度，促进企业的投资，从而促进经济的增长。从目前应对此次金融危机的税收政策上来看，我国从 2009 年 1 月 1 日开始，将增值税转型在全国所有征收增值税的行业推开，通过减税把更多收入留在企业和老百姓手中、通过退税把钱送回到中低等收入家庭，以此增加民间消费，带动经济增长，并推动经济转型。

---

❶ 详细原因见李永友：《我国税收负担对经济增长影响的经验分析》，《财经研究》，2004 年第 12 期和国家计委经济研究所课题组《实施结构性税收政策调整，促进经济增长和结构转换》，《经济研究参考》，2002 年第 85 期。

　　从西部经济带税收与经济增长之间的关系来看，在我国西部大开发的过程中，降低平均税负的税收优惠政策对于促进经济增长的效果可能会不显著。因此对于西部大开发中如何发挥税收政策的效果需要作细致的规划，尤其是结构上的规划，同时应该注重实行其他方面的配套措施，以促进西部经济带的经济发展。

4. 财政政策的经济
增长效应（下）
——我国国债与经济增长关系的计量分析

我国国债发行始于 1981 年，但是长期以来我国一直将国债作为弥补财政赤字的手段而被动发行。1998 年为了抑制通货紧缩，启动内需，我国采取了以增发国债和扩大支出为主要内容的积极财政政策，国债规模不断增加。1999 年我国国债余额突破 1 万亿元，2003 年国债余额达到 22 603.6 亿元。因特别国债的发行，2007 年末国债余额达到 53 365.53 亿元。国债是市场经济国家实施宏观调控不可或缺的财政政策工具，在现代市场经济发展中发挥着越来越重要的作用。国债的发行，一方面可以弥补财政赤字，另一方面可以通过资金市场影响货币需求，进而调节社会需求水平，对经济产生扩张或抑制效应。但是如果国债规模增加过快，将会给财政带来较重的债务负担，政府偿债能力将会出现不足，国债的风险也将会越来越大。那么我国的国债对经济增长产生了怎样的作用？我国的国债负担对国债与经济增长之间的关系又产生怎样的作用呢？本章拟对这些问题进行研究。

4.1 文献综述

国债和财政赤字紧密联系，关于国债、赤字与经济增长之间的关系，不同的学派持有不同的观点。理性预期学派认为财政赤字，不管是通过增发货币，或是向公众借款，都将会增加公债并提高利率，挤出私人投资，引起通货膨胀，因而不利于经济增长。而且这种状况反过来还会带来名义工资的提高，以适应新的较高水平的价格，从而会使利润减少，推迟企业投资。Feldstein（1987）反对扩张性的财政政策，尤其是借助于赤字支出的扩张性财政政策。李嘉图等价定理认为财政赤字对经济无影响。Barro（1974）指出政府债券融资只是一种推迟了的税收，富有远见的理性个人不会愚蠢地认为因为政府发行了债券而不是货币而变得更富有，他们会预期未来的税收等于政府债券的价值，因此个人一生的预算约束并不会因为推迟征税而改变，从而个人消费行为和投资行为不会改变，也就是说财政赤字对相对价格、实际财富以及经济活动不会有任何影响。财政赤字、国债与经济增长之间关系的第三种观点是财政赤字和国债对经济增长有正向的影响。Evdoridis（2000）利用数理模型明确指出动态均衡的机制，财政赤字在经济增长中具有潜在的正向影响。他指出这种正向的促进增长效应不仅仅在衰退阶段成立，在经济发展的各个阶段，正常的和有控制的赤字（Normal and Controlled Deficit）均是保持高增长率的必要前提条件。

经济学家关于国债、赤字和经济增长之间的关系所持观点各有迥异，利用各国的数据资料进行实证分析，得出的结果也有很大的差异。Haan 和 Sturm（1995）利用美国 1880—1988 年的数据，运用 VAR 模型，得出结论：真实赤字对真实经济增长有负的影响。Theodore 和 Evangelia（2004）以欧洲的经验为例，指出财政赤字能够提高商业利润，进而促进经济增长，财政赤字和经济增长之间存在着正向的联系。Gong、Greiner 和 Semmler（2001）利用 Granger 因果关系检验欧盟各国公债 GDP 比率与去势真实 GDP 之间的因果关系，发现只有在西班牙公债是去势

GDP 的正向的原因，在意大利和荷兰国债对去势 GDP 是负向的作用。而对欧盟各国联合检验的结果表明国债对 GDP 是负向的作用。同时他们还对国债和赤字是否提高利率，进而挤出私人投资进行了检验，在比利时和瑞典，国债和赤字显著地挤出了私人投资，而在法国、德国和意大利效应不显著，在荷兰国债显著地挤进了私人投资。而对欧盟总体，检验的结果则呈现出显著的挤出效应。尽管欧盟各国的实证结果差异比较大，但是 Gong 等在对各国国债政策的可持续性进行研究后发现，有较高的不可持续的财政政策的国家，国债有表现出负向效应的倾向。

在研究国债、赤字和经济增长之间的关系时，不同学派争论的一个焦点在于国债和赤字是否提高了利率，进而挤出私人投资。Feldstein（1982）、Hoelscher（1986）、Abell（1990）、Miller 和 Russek（1991）、Raynold（1994）、Cebula（1993，1997）和 Vamvoukas（1997）的研究结果都发现赤字和利率存在着正向的关系，赤字提高利率。Gale 和 Orszag（2004）的研究表明总赤字率提高 1 个百分点，长期利率提高 25 至 35 个基点。基本赤字率提高 1 个百分点，将提高长期利率 40～70 个基点。而 Barro（1987）、Evans（1985，1987，1988）和 Darrat（1990）的研究则支持公债并不会挤出私人投资、不会提高利率的观点。Wang（2005）运用 VAR 模型和最新发展的广义预测误差方差分解，发现对当期赤字和公债的冲击在短期内不影响真实利率，但在长期引起缓和的变化。

我国国内很多学者对我国财政赤字、国债与经济增长之间的关系进行了研究。刘溶沧和马拴友（2001）的研究结果表明我国预算赤字与利率关系不显著，赤字和国债并没有挤出私人投资，不结合财政支出，基本赤字国债对经济增长具有负影响，但如果赤字和国债用于公共投资，其净效应是促进经济增长。张江波

（2004）利用 Chow 检验和格兰杰—西幕兹检验发现财政赤字支出对 GDP 的增长在 1998 年积极财政政策启动前后具有不同的影响，1998 年之前赤字不是 GDP 的格兰杰原因，而积极财政政策全面启动以来的赤字支出是 GDP 的格兰杰原因，表明赤字对经济增长的影响增强了。夏少刚（2004）的研究表明以发行国债作为弥补财政赤字的方式，大体可带来双倍的收益，带动经济增长 B/M_1 个百分点（B 为发行国债数，M_1 为货币供应量）。张焕明（2003）利用 VAR 模型模拟了财政赤字对 GDP 的冲击，得出结论：在短期内赤字财政在稳健的货币政策的配合下，对经济增长有一定的积极作用，但是在长期对经济增长有负作用。高莉和高萍（2004）用基本建设支出占资本性支出的份额近似代表国债的份额，估算出国债对经济增长的贡献，自 1997 年以来呈逐年递增趋势，从 1997 年的 8.83％递增到 2000 年的 12.23％。马拴友（2001）利用 IS—LM 模型，测算出 1998—2000 年国债增加投资分别拉动经济增长 1.51％、1.96％、1.60％。郭庆旺和赵志耘（2002）在史永东（1999）所建立的汉森模型的基础上进行修正，发现 1981—1996 年我国的赤字财政政策总体上使经济增长率提高了 1.32 个百分点，贡献率为 13％。

此外，我国学者尹超（2000）、郑萍和康锋莉（2005）、柳建光和杨晶（2005）、斯文（2004）等利用所建立的回归模型，发现国债拉动经济增长。黄顺军（1999）、陈景耀（1999）等从经济理论的角度分析我国国债是如何拉动经济增长的。张海星（2001）、郭庆旺和赵志耘（1999）、赵志耘和吕冰洋（2005）则是从实证的角度分析我国财政赤字、国债并未挤出私人投资，其引申含义即为赤字国债拉动了经济增长。

这些研究的结果尽管结论都比较一致，但是仍然存在以下不足之处：①有的研究缺少实证分析的支持。②实证分析的过程中所建立模型缺少理论模型的支持，因此说服力显得较弱。③虽然得出了赤字、国债促进经济增长的结果，但是在实证分析中没有明确地分析我国财政赤字、国债促进经济增长的路径。④在研究赤字国债的经济增长效应的过程中没有考虑赤字国债的可持续性的影响。本章在 Greiner（1999）提出的一个包含国债、赤字的内生增长框架内，分析国债与经济增长的关系，找寻我国国债促进经济增长的路径，同时考虑我国国债负担和可持续性对于国债的经济增长效应的影响。

4.2 数理模型

Greiner（1999）模型考察封闭经济，该经济由三个部门构成：代表性家庭、代表性企业和政府。

4.2.1 家庭部门

家庭在其预算约束（4-2）下使效用 U（·）贴现流量 V 最大化：

$$\max V = \int_0^\infty e^{-rt} U[C(t)]\mathrm{d}t = \int_0^\infty e^{-rt}[C(t)^{1-\sigma}-1]/(1-\sigma)\mathrm{d}t \quad (4\text{-}1)$$

$$s.\ t.\ C(t) + \dot{S}(t) = (\omega(t) + i(t)S(t))$$
$$(1-\tau) + T_p(t) \quad (4\text{-}2)$$

$$S(t) = K(t) + B(t) \quad (4\text{-}3)$$

其中，$C(t)$ 为消费函数，$S(t)$ 表示资产，由物质资本 $K(t)$ 和政府债券 $B(t)$ 构成，$\dot{S}(t)$ 为资产对时间的导数。假定折旧率为零。劳动供给无弹性，并标准化为 1，这样所有的变量均为人均指标。$\omega(t)$ 为工资率，$i(t)$ 为资本收益率，τ 为所得税率，$T_p(t)$ 为一次总付的政府转移支付。σ 为消费的边际效用弹性，假定其为常数。r 表示不变的时间偏好率。

假定内生增长有界，构建现值汉密尔顿函数：

$$H（\cdot）=U（C）+\gamma_2 \left[（\omega+iS）（1-\tau）+T_p-C \right] \qquad (4-4)$$

其中，γ_2 是总资产 $S（t）$ 的影子价格。通过满足最优解的必要条件 $\partial H/\partial C=0$ 得到：

$$\gamma_2=C^{-\sigma} \qquad (4-5)$$

建立欧拉方程，得到：

$$\dot{\gamma_2}=\gamma_2(r-(1-\tau)i) \qquad (4-6)$$

又由家庭的预算约束（4-2）得到：

$$\dot{S}=-C+（iS+\omega）（1-\tau）+T_p \qquad (4-7)$$

且有限横截性条件 $\lim_{t\to\infty}e^{-rt}\gamma_2（t）（K（t）+B（t））$ 满足❶，（4-5）式两端对时间求导，同时结合（4-6）式，可以得到：

$$\frac{\dot{C}}{C}=-\frac{r}{\sigma}+\frac{i（1-\tau）}{\sigma} \qquad (4-8)$$

由（4-7）式可以得到总资产的增长率：

$$\frac{\dot{S}}{S}=-\frac{C}{S}+（i+\frac{\omega}{S}）（1-\tau）+\frac{T_p}{S} \qquad (4-9)$$

4.2.2　企业部门

假定生产部门由一个从事竞争性活动的企业代表，其生产函数为柯布—道格拉斯函数：

$$Y（t）=K（t）^{1-\alpha}G（t）^{\alpha} \qquad (4-10)$$

$Y（t）$ 为宏观经济产量，$K（t）$ 为人均物质资本存量，$G（t）$ 为人均公共资本存量，属于非竞争性、非排他性的公用品。不考虑公共物品的拥挤效应。假定市场是竞争的，那么工资率和利率

---

❶　如果 $g<r$，g 代表长期平衡增长率，这一条件将自动满足，同时也保证了效用函数是有界的。

就等于劳动和资本的边际产量：

$$\omega = Y(\cdot) - K \cdot Y_K(\cdot) = \alpha K^{1-\alpha} G^{\alpha} \qquad (4\text{-}11)$$

$$i = (1-\alpha) K^{-\alpha} G^{\alpha} \qquad (4\text{-}12)$$

4.2.3 政府部门

政府部门的预算约束为：

$$\dot{B} + T = iB + C_p + T_p + \dot{G} \qquad (4\text{-}13)$$

其中，T 为税收收入，C_p 为公共消费，其占税收的比例为 φ_2（$\varphi_2 < 1$），转移支付 T_p 占税收的比例为 φ_1（$\varphi_1 < 1$）。同时，$\lim_{t \to \infty} B(t) e^{-\int_0^t i(s)ds} = 0$ 成立，政府不允许蓬齐博弈（Ponzi game）。

4.2.4 分析过程

现在考虑三种不同的预算制度。制度 1：假定政府支出中的公共消费、转移支付和利息支付必须小于税收收入，即 $iB + C_p + T_p = \varphi_0 T$，$\varphi_0 < 1$。由于等式 $iB + C_p + T_p = \varphi_0 T$ 必须满足，使得 ω_0 成为内生变量，且满足 $\varphi_0 < 1$。这一条件对其他预算制度均成立。在制度 1 中产生赤字的原因就是公共投资。

制度 2：允许一部分债息通过税收收入支付，另一部分通过发行新债支付。此时的预算约束为 $\varphi_4 iB + C_p + T_p = \varphi_0 T$，$\varphi_4 \in (0, 1)$。

制度 3：要求公共消费和转移支付不能超过税收收入，但政府可以通过借债来为公共投资和债息融资。预算约束为 $C_p + T_p = \varphi_0 T$，$\varphi_0 < 1$。

在三种制度中，用于公共基础设施的投资构成剩余税收收入的一部分，即 $G = \varphi_3 (1-\varphi_0) T$，$\varphi_3 \geqslant 0$。

为了推导出描述经济的变化方程，假定竞争性市场，税收收入为：

$$T = \tau\ (\omega + iK + iB) = \tau\ (K^{1-\alpha}G^{\alpha} + iB)$$

在制度 1 中，有：

$$C_p + T_p + iB = \varphi_0 T$$

成立，结合利率等式（4-12）、政府的预算约束（4-13）和上面两式，得到公债增长率：

$$\frac{\dot{B}}{B} = (\varphi_0 - 1)\ (1 - \varphi_3)\ \tau\ (\frac{G}{K})^{\alpha} \cdot \left[(1-\alpha) + \frac{K}{B}\right] \quad (4\text{-}14)$$

根据家庭的预算约束，得出描述物质资本变化的方程：

$$\dot{K} + \dot{B} = -C + (\omega + iK + iB) + T_p - T$$

根据 $\dot{B}$ 的定义和 $\dot{G} = \varphi_3\ (1 - \varphi_0)\ T$，得到：

$$\dot{K} + \dot{B} = \dot{K} + iB + T_p + \varphi_2 T + \varphi_3\ (1 - \varphi_0)\ T - T$$

把 $\dot{K} + \dot{B}$ 的这两个方程式合并在一起，得到 $\dot{K} = -C + (\omega + iK) - [\varphi_2 + \varphi_3\ (1 - \varphi_0)]\ T$，利用国民收入恒等式 $\omega + iK = K^{1-\alpha}G^{\alpha}$ 和利率等式（4-12）得到物质资本增长率：

$$\frac{\dot{K}}{K} = -\frac{C}{K} + (\frac{\dot{G}}{K})^{\alpha} - \tau\ (\varphi_2 + \varphi_3\ (1 - \varphi_0))$$

$$\left[(\frac{G}{K})^{\alpha} + (1-\alpha)\ (\frac{G}{K})^{\alpha}\ \frac{B}{K}\right] \quad (4\text{-}15)$$

利用 $\dot{G} = \varphi_3\ (1 - \varphi_0)\ T$、$C_p + T_p + iB = \varphi_0 T$ 和利率等式（4-12），可推出描述公共资本存量 $\dot{G}$ 的微分方程：

$$\frac{\dot{G}}{G} = \varphi_3\ (1 - \varphi_0)\ \tau\ (\frac{G}{K})^{\alpha-1}\ (1 + (1-\alpha)\ \frac{B}{K}) \quad (4\text{-}16)$$

将利率等式（4-12）代入消费增长率（4-8）得到：

$$\frac{\dot{C}}{C} = -\frac{r}{\sigma} + \frac{(1-\tau)\ (1-\alpha)\ K^{-\alpha}G^{\alpha}}{\sigma} \quad (4\text{-}17)$$

给定适当的初始条件和有限横截性条件，公债增长率方程式（4-14）、物质资本的增长率方程式（4-15）和描述公共资本存量

4. 财政政策的经济增长效应（下）

G 的微分方程式（4-16）、消费变化的方程式（4-17）构成的四维微分方程组，就完整地概括了经济的特征。

定义 $c_s = C/K$，$b_s = B/K$，$x_s = G/K$，由于

$$\frac{\dot{c}_s}{c_s} = \frac{(\dot{C}K - C\dot{K})/K^2}{C/K} = \frac{\dot{C}}{C} - \frac{\dot{K}}{K}$$

则微分方程组可以表示为：

$$\frac{\dot{c}_s}{c_s} = \frac{\dot{C}}{C} - \frac{\dot{K}}{K} = -\frac{r}{\sigma} + x_s^a \left(\frac{(1-\tau)(1-\alpha)}{\sigma} \right.$$
$$\left. + \tau(\varphi_2 + \varphi_3(1-\varphi_0))(1 + (1-\alpha)b_s)) + c_s - x_s^a \right.$$

$$(4-18)$$

$$\frac{\dot{b}_s}{b_s} = \frac{\dot{B}}{B} - \frac{\dot{K}}{K} = x_s^a \tau(\varphi_2 + \varphi_3(1-\varphi_0))(1 + (1-\alpha)b_s) +$$
$$c_s - x_s^a + x_x^a \tau((1-\alpha) + b_s^{-1})(\varphi_0 - 1)(1 - \varphi_3) \quad (4-19)$$

$$\frac{\dot{x}_s}{x_s} = \frac{\dot{G}}{G} - \frac{\dot{K}}{K} = x_s^a \tau(\varphi_2 + \varphi_3(1-\varphi_0))(1 + (1-\alpha)b_s) +$$
$$c_s - x_s^a + x_s^{a-1}(1 + (1-\alpha)b_s)\varphi_3(1-\varphi_0)\tau \quad (4-20)$$

由方程式（4-18）、（4-19）和（4-20）组成的方程组的平衡点相应于原方程组的平衡增长路径，在该路径上，所有的变量均以相同的比率增长。接下来本章将在这一路径上分析国债融资的财政政策是如何影响平衡增长率的。同时我们将排除无经济意义的平衡点 $c_s = b_s = x_s = 0$，这样我们可以考虑方程组（4-18）—（4-20）的增长率，并把我们的分析限于内部平衡点。

从 $\frac{\dot{c}_s}{c_s} = 0$ 得到 c_s 的表达式：

$$c_s = \frac{r}{\sigma} - x_s^a \left[\tau(\varphi_2 + \varphi_3(1-\varphi_0))(1 + (1-\alpha)b_s) - 1 + \frac{(1-\tau)(1-\alpha)}{\sigma} \right]$$

因为在平衡增长路径上，制度 1 的约束条件：公共消费、转移支付和国债利息支出不能超过税收收入，必须得到满足，即

$C_p + T_p + iB = \varphi_0 T$。该约束条件使 φ_0 成为内生变量，由 b_s，φ_1，φ_2，τ，α 决定，利用税收收入等式和制度 1 的预算约束条件，可以得到在稳定状态下：

$$\varphi_0 = (\varphi_1 + \varphi_2) + \frac{1-\alpha}{\tau ((1-\alpha) + b_s^{-1})}$$

求 φ_0 对各参数的导数：

$$\frac{\partial \varphi_0}{\partial \varphi_j} = 1, \quad j = 1, 2$$

$$\frac{\partial \varphi_0}{\partial \tau} = -\frac{1-\alpha}{\tau^2 ((1-\alpha) + b_s^{-1})}$$

$$\frac{\partial \varphi_0}{\partial b_s} = (1 + (1-\alpha) b_s)^{-2} (1-\alpha) / \tau$$

将根据 $\dot{c}_s / c_s = 0$ 得到的 c_s 和方程式 $\varphi_0 = \varphi_0 (b_s, \varphi_1, \varphi_2, \tau, \alpha)$，带入（4-19）式和（4-20）式，就得到描述该经济的平衡增长路径方程组：

$$\frac{\dot{b}_s}{b_s} = x_s^\alpha (\tau ((1-\alpha) + b_s^{-1}) (\varphi_0 - 1) (1-\varphi_3)$$

$$- \frac{(1-\tau)(1-\alpha)}{\sigma} + \frac{r}{\sigma} = 0 \qquad (4\text{-}21)$$

$$\frac{\dot{x}_s}{x_s} = x_s^{\alpha-1} (1 + (1-\alpha) b_s) \varphi_3 (1-\varphi_0) \tau -$$

$$x_s^\alpha \frac{(1-\tau)(1-\alpha)}{\sigma} + \frac{r}{\sigma} = 0 \qquad (4\text{-}22)$$

求解该联立方程组，得到 b_s 和 x_s。把解出的 x_s 带入消费增长率方程（4-17），求得平衡增长率：

$$g = -\frac{r}{\sigma} + (1-\tau)(1-\alpha) \left(\frac{G}{K}\right)^\alpha / \sigma = -\frac{r}{\sigma} + (1-\tau)(1-\alpha) x_s^\alpha / \sigma \quad (4\text{-}23)$$

$x_s = G/K$ 是公共资本对私人资本的比率，它决定了私人资本的边际产出，进而决定了平衡增长率。由（4-23）式可以看出平衡增长率仅决定于公共资本对私人资本的比率 x_s 和其他外生参数，所以可以将（4-23）式表述为 $h = g\ (G/K)$。

由于我们在前面的分析过程中使用的是人均指标，当考虑产出并使用总量指标时，需要把劳动投入 L 也考虑进来。当国债的发行用于作为公共资本时，我们把国债也引入到模型，因此可以考虑在平衡增长路径上，产出 Y 是劳动投入 L、私人资本 K、公共资本 G 和国债 B 的函数，即：

$$Y = f\ (L,\ G,\ K,\ B)$$

本章将在第三部分中利用这一模型进行实证的分析和检验。下面本章将继续在前面理论模型分析的基础上进一步分析国债对于平衡增长率的影响。

4.2.5　基于理论模型的分析结果

由于 x_s 是 φ_j （$j = 1, 2, 3$）的函数，我们可以分析 φ_j 的变化对平衡增长率的影响：

$$\frac{\partial g}{\partial \varphi} = \frac{(1-\tau)\ (1-\alpha)}{\sigma} \alpha x_s^{a-1} \frac{\partial x_s}{\partial \varphi_j},\ j = 1,\ 2,\ 3 \quad (4\text{-}24)$$

该偏微分是正是负取决于 $\partial x_s / \partial \varphi_j$ 的符号。为求 $\partial x_s / \partial \varphi_j$，需要对（4-20）和（4-21）式表示的隐函数求导。为方便起见，定义：$\dot{b}_s / b_s = q_3\ (x_s,\ b_s,\ \varphi_0;\ \cdots)$，$\dot{x}_s / x_s = q_4\ (x_s,\ b_s,\ \varphi_0;\ \cdots)$ 求（4-21）和（4-22）式定义的隐函数关于其各参数的偏导数，用矩阵表示为：

$$\begin{bmatrix} \partial b_s / \partial z \\ \partial x_s / \partial z \end{bmatrix} = -N^{-1} \begin{bmatrix} \partial q_3(\bullet)/\partial z \\ \partial q_4(\bullet)/\partial z \end{bmatrix} = -\frac{1}{|N|}$$

$$\begin{bmatrix} \partial q_4(\bullet)/\partial x_s & -\partial q_3(\bullet)/\partial x_s \\ -\partial q_4(\bullet)/\partial b_s & q_3(\bullet)/\partial b_s \end{bmatrix} \begin{bmatrix} \partial q_3(\bullet)/\partial z \\ \partial q_4(\bullet)/\partial z \end{bmatrix} \quad (4\text{-}25)$$

其中，z 表示参数，矩阵 $N=\begin{bmatrix} \partial q_3(\cdot)/\partial b_s & \partial q_3(\cdot)/\partial x_s \\ \partial q_4(\cdot)/\partial b_s & \partial q_4(\cdot)/\partial x_s \end{bmatrix}$。

可以证明 $|N|>0$（具体证明过程见格雷纳，2000，pp. 204 - 211）。

在 z 取 φ_j 时，由（4-25）式可得：

$$\partial x_s/\partial \varphi_j = -[(\partial q_4(\cdot)/\partial b_s)(\partial q_3(\cdot)/\partial z) + (\partial q_3(\cdot)/\partial b_s)(\partial q_4(\cdot)/\partial z)]/|N|$$

因为 $-|N|<0$，所以 $\partial x_s/\partial \varphi_j$ 是正是负取决于中括号项的符号。首先分析 $j=1$，2 时中括号项的符号。利用 φ_0 的表达式得到 $\partial \varphi_0/\partial \varphi_j=1$，$j=1$，2 从而得到下式：

$$(-\partial q_4(\cdot)/\partial b_s)(\partial q_3(\cdot)/\partial \varphi_j) + (\partial q_3(\cdot)/\partial b_s)(\partial q_4(\cdot)/\partial \varphi_j)$$

$$=-x_s^{\alpha-1}(1-\alpha)\varphi_3((1-\varphi_0)\tau - (1+(1-\alpha)b_s)^{-1}) \cdot x_s^{\alpha}$$
$$((1-\alpha)+b_s^{-1})(1-\varphi_3)\tau + x_s^{\alpha-1}((1-\alpha)b_s+1)\varphi_3(x_s^{\alpha}$$
$$(\varphi_0-1)(1-\varphi_3)\tau b_s^{-2} - (1-\alpha)(1-\varphi_3)x_s^{\alpha}(b_s+(1-\alpha)$$
$$b_s^2)^{-1}$$

$$=-x_s^{2a-1}(1-\alpha)\varphi_3(\varphi_3-1)\tau b_s^{-1} - x_s^{2a-1}(1-\alpha)\varphi_3(\varphi_0-1)$$
$$(\varphi_3-1)\tau^2(1+(1-\alpha)b_s)b_s^{-1} + x_s^{2a-1}(1-\varphi_0)(\varphi_3-1)$$
$$\tau^2 b_s^{-2}(1+(1-\alpha)b_s)\varphi_3 + x_s^{2a-1}(\varphi_3-1)(1-\alpha)\varphi_3\tau b_s^{-1}$$

消去第一项和最后一项，所以上面的表达式为正，因此 $\partial x_s/\partial \varphi_j<0$，从而 $\partial g/\partial \varphi_j<0$（$j=1$，2）。这说明以财政赤字和增发国债为增加公共消费或转移支付融资，即提高 φ_j（$j=1$，2），会降低稳态时的平衡增长率。该结果是由于国债的反馈效应所致，即国债的增加会导致 φ_0 的提高，这意味着更多的公共资源不得不用于还本付息，从而使公共设施投资下降，并由此降低经济增长速度。

接下来分析通过赤字和国债增加公共投资，即提高 φ_3 对于经济增长的影响。同样 $\partial g / \partial \varphi_3$ 的符号由下式的符号决定：

$$(-\partial q_4 (\cdot) / \partial b_s)(\partial q_3 (\cdot) / \partial \varphi_3) + (\partial q_3 (\cdot) / \partial b_s)(\partial q_4 (\cdot) / \partial \varphi_3)$$

$$= -x_s^{a-1} (1-\alpha) \varphi_3 ((1-\varphi_0) \tau - (1+ (1-\alpha) b_s)^{-1}) \cdot x_s^a \tau$$
$$(1-\varphi_0)(1-\alpha) + b_s^{-1}) + x_s^{a-1} ((1-\alpha) b_s+1) \tau (1-\varphi_0)$$
$$(-x_s^a (1-\varphi_0)(\varphi_3-1) \tau b_s^{-2} + (1-\alpha)(1-\varphi_3) x_s^a (b_s + (1-\alpha) b_s^2)^{-1}$$

$$= x_s^{2a-1} (1-\alpha)(1-\varphi_0) \tau b_s^{-1} - x_s^{2a-1} (1-\alpha) \varphi_3 (1-\varphi_0)^2 \tau^2 b_s^{-1}$$
$$(1+ (1-\alpha) b_s) - x_s^{2a-1} (1+ (1-\alpha) b_s (1-\varphi_0)^2 (\varphi_3 - 1) \tau^2 b_s^{-2}$$

$$= x_s^{2a-1} (1-\alpha)(1-\varphi_0) \tau b_s^{-1} \Big\{ 1- (1-\varphi_0)$$

$$\tau (1+ (1-\alpha) b_s) \Big[\frac{\varphi_3 + (\varphi_3-1)}{b_s (1-\alpha)} \Big] \Big\}$$

当上式中大括号项为负时，上式符号为负，结合 $-|N|<0$，得到 $\partial x_s / \partial \varphi_3 > 0$，因此 $\partial g / \partial \varphi_3 > 0$。表明赤字、国债融资增加公共投资时，可以提高平衡增长率。

　　总结前面分析的结果，在制度1下，通过赤字、国债融资，当增加非生产性公共支出时，总是降低经济增长率的。而在特定条件下通过发行新债为公共基础设施融资，则可以提高平衡增长率。

　　用同样的思路来考虑在制度2和制度3下赤字、国债对于平衡经济增长率的影响，发现在制度2下，如果参数 φ_4 低于某一水平，可持续的资本增长率不存在。产生这一结果的经济原因是公债在宽松的预算制度下会更高，从而在更宽的资源约束条件下支付债息，由此挤出私人投资。因此在宽松的预算约束下，也即通过发行新债来为大量的债息融资，不会带来人均资本的可持续增长。

　　在人均资本增长率存在的情况下，对于制度2和制度3，在特定的条件下，赤字国债融资的公共投资增加具有正的效应，而非生产性政府支出增加则具有负的效应，总会降低平衡增长率。同时把制度 1 与制度 2 和制度 3 进行比较，发现相对宽松的预算制度 2 和制度 3 有着更高的公债私人资本比率和更低的平衡增长率，这意味着公债率较高，平衡经济增长率较低。造成这一事实的原因一方面在于上面所提到的对私人资本的挤出效应，另一方面大量的债息支付使得可用于公共投资的资源减少，从而挤出了公共投资。这也就意味着当公债负担过大时，不可持续的公债也将不利于经济的增长。

既然利用国债融资对经济增长率的作用取决于其用于生产性资本，还是非生产性资本，在本章下面关于国债与经济增长关系的计量分析中，笔者将首先运用基于扩展 VAR 模型的因果关系检验来检验我国国债与公共投资、政府消费、转移支付之间的因果关系，之后运用协整理论分析我国国债与经济增长之间的协整关系，同时进一步分析我国的国债负担状况与国债的经济增长效应之间的关系。

4.3　国债与经济增长关系的计量分析

4.3.1　指标选取与数据来源

本书以 1981—2003 年的数据资料为样本期。关于国债，本书选取国债发行额（DEBT）和国债负担率（DB）两个指标来研究。国债负担率由国债余额占当年 GDP 的比率求得。政府消费（GC）来源于支出法国内生产总值。私人投资（PI）为固定资产总额减去预算内投资和外商投资。转移支付（TR）为抚恤和社会福利救济费与价格补贴支出。公共投资（GI）利用预算内固定资产投资来反映。同时利用国内生产总值（GDP）代表产出，就业人员数（LABOR）来代表劳动投入。各指标均取自《中国统计年鉴》（1995—2004）和《中国证券期货统计年鉴》（2002—2004）。

各个价值量指标利用以 1980 年为基期的商品零售物价指数变换为不变价格指数，同时取对数形式。

4.3.2　数据平稳性检验

检验变量间是否具有协整关系之前，首先要检验数据的平稳性。利用 ADF 检验来检验数据的平稳性，检验的思路和第二章平稳性检验思路一致。具体检验结果见表 4-1。

表 4-1　实际经济变量时间序列取对数后的单位根检验结果

变量	检验类型(c, t, p)	ADF 值	1%临界值	5%临界值	DW
LNGDP	$(c, t, 3)$	-3.3195	-4.5348	-3.6746	2.10
LNDEBT	$(c, t, 0)$	-2.4903	-4.4415	-3.6330	2.18
LNGC	$(c, t, 3)$	-2.3682	-4.5348	-3.6746	2.32
LNTR	$(c, t, 2)$	-1.9748	-4.5000	-3.6591	2.07
LNGI	$(c, t, 3)$	-2.4080	-4.5348	-3.6746	1.97
LNPI	$(c, t, 4)$	-2.5377	-4.5743	-3.6920	1.88
LNLABOR	$(c, t, 0)$	-1.0456	-4.4415	-3.6330	2.10
D (LNGDP)	$(c, 0, 3)$	-3.9931	-3.8572	-3.0400	2.18
D (LNDEBT)	$(c, 0, 0)$	-5.0945	-3.7856	-3.0114	2.04
D (LNGC)*	$(c, 0, 3)$	-3.7171	-3.8572	-3.0400	1.89
D (LNTR)	$(0, 0, 3)$	-3.8765	-2.6819	-1.9583	2.07
D (LNGI)	$(0, 0, 0)$	-2.7275	-2.6819	-1.9583	1.84
D (LNPI)	$(c, 0, 3)$	-4.3356	-3.8572	-3.0400	1.82
D (LNLABOR)	$(c, 0, 0)$	-4.377	-3.7856	-3.0114	1.99

注：①检验类型(c, t, p)，其中c表示常数项，t表示趋势项，p表示滞后阶数。②*表示变量在 5%的显著性水平下是平稳的，未作标注的变量在 1%的显著性水平上是平稳的。③D表示一阶差分。

由表 4-1 的单位根检验结果可以看出，各个变量在 5％的显著性水平下均是非平稳的时间序列，而它们的一阶差分序列在 5％的显著性水平下均是平稳序列。因此，通过检验可判断各个变量均为一阶单整 I（1）。

4.3.3 国债与财政支出各经济变量的基于扩展 VAR 模型的因果关系检验

因果关系（Causal Relationship）是由 Granger 提出的，一般分为基于水平 VAR 模型的因果关系检验和基于差分 VAR 模型的因果关系检验。基于水平 VAR 模型进行多变量系统的因果关系检验因未考虑单个变量的非平稳性和变量系统的协整性而存在一定的问题。基于差分 VAR 模型进行因果关系检验容易使信息丧失且要求首先检验变量的平稳性和协整关系，使其在应用中受到限制。Toda 和 Yamamoto（1995）提出的基于扩展 VAR 模型的因果关系检验方法可以不考虑单位根个数和变量的协整性进行因果关系。

考虑 VAR（p）过程，VAR 模型的最优滞后阶数 p 假设已知：

$$X_t = v + A_1 X_{t-1} + A_2 X_{t-2} + \cdots + A_p X_{t-p} + \varepsilon_t$$

其中，X_t，v 和 ε_t 是 n 维向量，A_r 是滞后阶数为 r 时的 $n \times n$ 系数矩阵，误差向量 ε_t 为均值为 0 的独立同分布过程。

Toda 和 Yamamoto 建议在水平 VAR（p）模型中加入额外的滞后阶数 d，d 为各变量的最大单整阶数，运用 OLS 方法估计 VAR（$p+d$）模型并根据该模型进行因果关系检验，该方法在基于水平 VAR 模型的因果关系检验的基础上考虑了额外滞后阶数 d 对检验结果的影响。

$$X_t = v' + A'_1 X_{t-1} + \cdots A'_p X_{t-p} + \cdots + A'_{p+d} X_{t-p-d} + \varepsilon_t \qquad (4-26)$$

其中，v'、A'_r（$r=1, 2, \cdots p+d$）为 OLS 估计量。对（4-26）式滞后阶数为 p 的系数向量进行 Wald 系数检验，如果

零假设 A'_r $(r=1, 2, \cdots p)$ 中第 j 行 k 列的元素等于零不能被拒绝，则 X_t 中的第 k 个元素是第 j 个元素的格兰杰原因。Toda 和 Yamamoto 从理论上证明，无论 X_t 是平稳过程、I（1）或 I（2）过程，还是协整系统，Wald 统计量均服从标准 x^2 分布。

对国债发行额与政府消费、公共投资和转移支付的因果关系进行检验。首先利用 AIC 和 SC 准则确定滞后阶数，同时对 VAR 模型的残差进行正态性和独立同分布的诊断检验，确定 4 变量系统 $X_t =$ [LNDEBT, LNGC, LNGI, LNGI, LNTR] 的最佳滞后阶数为 1。由上面的平稳性检验知各个变量均为 1 阶单整，因此建立扩展的 VAR（2）模型，进行 Wald 系数检验，检验结果见表 4-2。

表 4-2   基于扩展 VAR 模型的因果关系检验结果

零假设	F 值	P 值	结论
LNDEBT 不是 LNGI 的因	4.8722	0.0282	拒绝零假设
LNGI 不是 LNDEBT 的因	1.6062	0.2409	接受零假设
LNDEBT 不是 LNGC 的因	0.2585	0.6204	接受零假设
LNDEBT 不是 LNTR 的因	0.5791	0.4613	接受零假设

从表 4-2 的检验结果我们看出，在 5% 的显著性水平上，国债是公共投资的因，公共投资不是国债的因。同时我国的国债不是政府消费和转移支付的因。表明我国国债主要是投向公共投资领域，而不是政府消费和转移支付。

4.3.4   国债的经济增长效应实证分析

基于扩展 VAR 模型的因果关系检验结果表明我国国债的发行可以用来解释公共投资，但并不是为了政府消费和转移支付。因此，基于前面的理论分析，国债用于公共投资，对于经济增长应该具有促进作用。具体的国债发行对经济增长的促进作用有多大呢？利用本章第二部分的模型 $Y=f(L, G, K, B)$，考虑柯布—道格拉斯生产函数形式：

$$\text{LNGCP}=\beta_0+\beta_1\text{LNLABOR}+\beta_2\text{LNPI}+\beta_3\text{LNGI}+\beta_4\text{LNDEBT}+e$$

由于各个变量均为一阶单整，所以它们之间可能存在长期的均衡关系，即协整关系。下面分别利用 E－G 两步法和 Johansen 检验方法，分别进行协整检验。首先采用 E－G 两步法进行协整检验。第一步，用普通最小二乘法作回归，结果表明回归方程各变量的系数均是显著的。第二步，对回归方程的残差作单位根检验。仍然采用 ADF 检验方法，ADF 检验形式确定为不含常数项和趋势项的形式，滞后阶数为 0，检验统计量为 -3.6761，在 1% 的显著性水平上拒绝非平稳的零假设，接受残差不存在单位根的备择假设。检验结果表明残差序列是平稳序列，因此 E－G 两步法的检验结果表明 GDP 和公债等变量存在协整关系：

$$\text{LNGDP}=0.744\text{LNLABOR}+0.391\text{LNPI}+0.061\text{LNGI}+0.095\text{LNDEBT}-2.7420$$

(4.0841)　　　(9.0843)　　　(2.4854)　　　(5.9431)

(-1.5121) — t 值

$R^2=0.997$　Adj $R^2=0.996$　DW$=1.51$　$F=1347.719$

查 DW 统计量表，1.51 恰好位于无法确定的区间，采用 LM 检验，得到 LM（1）$=1.3578$，相伴概率为 0.26，LM（2）$=0.9552$，相伴概率为 0.41。该模型不存在序列相关。

E－G 两步法协整回归的结果表明劳动投入、私人资本、公共资本和国债均显著地促进了经济增长。国债增加 1%，将提高产出 0.095%。在这四种投入要素中，劳动投入对产出的作用最大，其次是私人资本、国债和公共投资。由于国债无论是从其实际使用方向，还是从因果关系检验的结果来看，我国国债均是投向公共投资领域，国债对经济增长的正向促进作用与本章第二部分的理论模型分析结果一致。在考虑到国债用于公共投资后，公共投资对经济增长的贡献也是比较大的。

接下来利用 Johansen 协整检验方法来检验 GDP 和国债等变量的协整关系。由于 Johansen 协整检验对滞后阶数尤为敏感，不当的滞后阶数很可能导致虚协整，因此必须先确定合理的滞后阶数。本书根据 AIC 准则和 SC 准则确定合理的滞后阶数为2。在滞后阶数确定后，再确定协整中是否具有常数项和时间趋势，基于我国的数据特征，即使协整存在，可能应含常数和时间趋势，因此本章在作 Johansen 检验时考虑了含有常数和时间趋势情况。然后对数据进行协整检验。检验结果如表 4-3 所示。

表 4-3　GDP 和国债等变量的 Johansen 协整检验结果

假设协整方程个数	特征值	迹统计量	5%临界值	1%临界值
无**	0.8684	117.1364	87.31	70.05
最多1**	0.7014	74.5455	62.99	96.58
最多2**	0.6680	49.1668	42.44	48.45
最多3*	0.5040	26.0099	25.32	30.45
最多4	0.4157	11.2851	12.25	16.26

注:*（**）表示在5%（1%）的显著性水平上拒绝零假设。

可见，迹统计量在5%的显著性水平上显示存在4个协整方程；在1%的显著性水平上显示存在3个协整方程。

续表

假设协整方程个数	特征值	迹统计量	5%临界值	1%临界值
无**	0.8684	42.5909	37.52	42.36
最多1	0.7014	25.3787	31.46	36.65
最多2	0.6680	23.1568	25.54	30.34
最多3	0.5040	14.7249	18.96	23.65
最多4	0.4157	11.2851	12.25	16.26

注:*（**）表示在5%（1%）的显著性水平上拒绝零假设。

可见，最大特征值统计量在5%和1%的显著性水平上均显示存在1个协整方程。

综合上面的分析结果，在 1‰的显著性水平上，选定该系统存在 1 个协整方程：

LNGDP＝2.066＋0.378LNLABOR＋0.281LNPI＋0.032LNGI

(0.1802)　　　(0.0148)　　　(0.0134)

＋0.092LNDEBT ＋0.025@TREND (82)

(0.0119)　　　(0.0077)　　　　　　　　　—标准误

对数似然值＝157.4146

Johansen 协整回归的结果表明：国债系数为正，国债发行有效地促进了经济的增长。国债发行额每增加 1‰，GDP 增加 0.092‰。这一结果与我们的理论模型相一致，也与我们前面的 Granger 因果关系检验的结果一致，表明我国的国债投资用于公共投资领域，有力地促进了经济的增长。同时从其他变量的系数来看，劳动投入产出弹性为 0.378，私人投资产出弹性为 0.281，公共投资产出弹性为 0.032，表明我国的经济增长劳动投入贡献最大，我国的经济增长仍然具有劳动密集型的特征。

比较 E－G 两步法和 Johansen 协整回归的结果，各个系数符号一致，数值相差不大，表明分析结果是比较稳健的。同时实证分析的结果与前面的理论分析相一致，再一次证明了本章对于国债与经济增长之间关系的理论分析是正确的。

4.3.5　国债负担和风险与国债的经济增长效应之间的关系

在研究国债与经济增长关系的同时，我国许多学者还研究了国债的负担与风险问题。根据世界各国的经验，发达国家的国债累积额最多不能超过当年 GDP 的 60‰，这是公认的国债最高警戒线。我国的财政收入占 GDP 的比重不超过 20‰，以此推算，国债负担率不应该超过 20‰。1986 年我国的国债负担率只有

2.87%，至 2003 年我国国债负担率达到 19.28%，虽然尚未超过 20% 的界线，但是我国发行国债只有 20 多年的历史，与发达国家几十年甚至上百年的历史相比，我国的国债负担率增长太快。在随后实行的稳健财政政策年份，我国的国债负担率有所下降，2004 年国债负担率为 16.12%，2005 年降至 15.7%，2006 年降至 14.84%，2007 年由于特别国债的发行国债负担率再度升高，升至 21.39%。国债负担率过高，由此形成的风险是国债风险之一，也是最主要的风险。本章接下来分析国债负担和风险与国债的经济增长效应之间的关系。

由于资料的限制，接下来利用 1986—2003 年的数据资料进行分析。利用人均 GDP（PGDP）、人均国债发行额（PB），同时引入国债负担率（Burden）。采用 AR（1）项矫正序列相关，得到如下的模型：

$$LNPGDP_t = 1.815 + 0.730 \times LNPGDP_{t-1} + 0.098 \times LNPB_t - 0.012 \times LNBURDEN_t$$

（5.786）　　　（4.081）　　　（−0.223）　　　——t 值

模型的各种诊断统计量为：

$R^R = 0.991$，Adj $R^2 = 0.988$，SE $= 0.042$，F $= 457.238$，JB $= 0.155$（0.925），WHITE $= 1.24$（0.36），

LM（1）$= 0.59$（0.46），LM（2）$= 0.27$（0.77），ARCH（1）$= 0.57$（0.46），

ARCH（2）$= 0.64$（0.54），RESET（1）$= 3.151$（0.11）

模型有着令人满意的统计性质，不仅拟合优度 R^2 比较大，回归方程的标准误 SE 比较小，回归方程也是显著的。WHITE 值表明不存在异方差，LM（1）和 LM（2）分别表示 1 阶和 2 阶的拉格朗日乘数检验，结果表明不存在序列相关。ARCH（1）和 ARCH（2）分别表示 1 阶和 2 阶的自回归条件异方差检验，

结果表明序列不存在自回归条件异方差。RESET（1）表示 1 阶模型设定误差的检验，结果表明模型形式正确。检验统计量的 p 值在括号中给出。JB 检验是残差的正态性检验，检验结果表明残差服从正态分布。同时对模型的残差项进行 ADF 检验，采用无常数项和漂移项的形式，根据 AIC 准则和 SC 准则，确定最优滞后阶数为 0，检验统计量为 -3.096，检验结果表明该模型的残差项在 1％的显著性水平上是平稳的。

　　从模型的系数来看，在考虑了国债负担率的情况下，我国的国债发行对经济增长仍然起到显著的推动作用。国债负担率系数的方向为负，数值很小且不显著。表明在我国目前的国债负担水平下，国债的负担水平还不构成太大的国债风险，其对国债的经济增长效应影响不显著。也即我国目前的国债负担水平还没有影响到国债的经济增长效应，2003 年的国债负担率已经非常接近 20％的界线，在随后的年份中，国债的负担率有所下降。不过在 2007 年国债负担率上升得较高，2008 年我国实际发行国债约 8 549 亿元，年末国债余额约 5.33 万亿元，2008 年赤字增加多一些，财政赤字占 GDP 的比重大约在 3％以内，国债余额占 GDP 的比重在 20％左右。由此也不得不考虑如果国债负担率进一步增加导致国债不可持续时，将会对国债的经济增长效应带来负面的影响，从而降低国债对经济增长的拉动效果。

4.4　结论与启示

　　本章首先介绍了 Greiner 提出的一个包含国债、赤字的内生增长理论模型，该模型表明赤字、国债融资用于非生产性公共支出时，将降低经济增长率，而在特定条件下通过发行新债为公共基础设施融资，则可以提高平衡增长率。同时宽松的预算制度会带来较高的公债私人资本比率和较低的平衡增长率。接下来本章通过基于扩展 VAR 模型的因果关系检验，发现我国国债是公共投资的因，不是政府消费和转移支付的原因。运用 E−G 两步法和 Johansen 协整检验分析我国国债的经济增长效应，实证分析的结果均表明国债的系数为正，我国国债显著地促进了经济增长。实证分析的结果与理论模型相一致，表明国债促进经济增长的路径在于通过国债融资增加公共投资，而增加非生产性资本则会降低经济增长率。同时通过对国债负担与国债的经济增长效应分析，发现我国的国债负担率虽然增长较快，已接近 20%，但是到 2003 年为止的国债负担水平还没有构成太大的国债风险，其对国债的经济增长效应没有显著的影响。

本章的分析结果给我们以下启示：

第一，我国的国债主要投向公共投资领域，与国债促进经济增长的路径相一致，有效地促进了经济的增长。同时国债负担水平到 2003 年为止对于国债的经济增长效应没有显著的影响。因此在今后一段时间，国债将仍然是我国宏观调控的重要工具，在促进我国经济增长的过程中，国债将仍然发挥积极的显著的作用。但是在今后的国债政策中，国债负担也是一个在国债发行中需要考虑的重要因素，保持一个合适的国债负担规模，对国债的经济增长效应有益。如果仅仅考虑国债的发行而不考虑国债负担进而带来的国债风险问题，可能会在未来降低国债的经济增长效应。

第二，国债资金是否能够促进经济增长取决于国债资金的投向，要按照国债促进经济增长的路径严格控制国债资金的投资方向。国债资金要从一般竞争领域和营利性项目中退出，同时应着力于公共基础设施投资，发挥出国债促进经济增长的机制。

第三，针对目前这场影响全球经济的金融危机，国债政策是积极财政政策的重要政策工具。一方面，我们要积极地使用这一政策工具，利用国债促进经济的提振和发展；另一方面，我们还要适当地注意国债发行的规模，确保我国的财政赤字和国债规模是我国的综合国力可以承受的，避免国债风险。

第四，进一步转变我国的经济增长方式。本章的实证分析结果表明我国的经济增长过程中，劳动投入的产出弹性最高，经济增长呈现出的是劳动密集型的特征。通过国债资金在公共基础设施领域的投资，来进一步地带动私人投资，改变我国主要依靠劳动投入带动经济增长的现状。

5. 财政政策的就业效应分析

就业和失业是市场经济的伴生现象，长期实行市场经济的国家都对它们进行了广泛而深入的研究。自改革开放以来，失业问题成为我国经济生活中的一个令人困扰的问题。1978 年我国城镇登记失业人数为 530 万，2007 年我国的城镇登记失业人数达到 830 万，是 1978 年的 1.57 倍。由美国次贷危机接踵带来的世界经济减缓的形势，我国经济增长速度逐渐减慢，对 2009 年的就业形成较大压力。数字反映的仅仅是"显性"失业部分，我国由于二元经济和经济转轨等原因，还存在着大量的"隐性"失业。因此，正在进行体制改革的中国，借鉴国外关于就业与失业问题的研究成果，对我国的失业问题进行深入的研究是很有必要的。

5.1 失业理论简述

5.1.1 古典学派的自愿失业理论

20 世纪 30 年代以前的古典和新古典经济学，信奉萨伊定律和市场机制的自动调节功能，它们认为随供求状况不断灵活波动的实际工资会使劳动力市场自动"出清"，经济总是处于充分就业的状态。

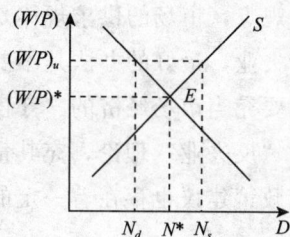

图 5-1　古典学派：实际工资与失业

古典学派认为，劳动的供给和需求都是实际工资（W/P）的函数，劳动的供给与实际工资呈同方向变动，劳动的需求与实际工资呈反方向变动。从图 5-1 可以看出，总有一个实际工资 $(W/P)^*$，能使劳动力市场的供求正好相等，就业量为 N^*，此时不存在失业，经济处于充分就业水平。如果实际工资停留在 $(W/P)_U$，对应于这一工资水平的劳动需求为 N_d，劳动供给为 N_s，这时的实际就业量为 N_d，出现了超额劳动供给（$N_s - N_d$）。可见，实际工资高于充分就业水平时的工资水平，就业水平就会低于充分就业水平，并产生失业。而此时多余的劳动供给所要求的工资水平高于其边际生产力，因此这种失业被称为"自愿失业"。如果劳动市场上的工资水平具有充分的弹性，当劳动供给大于需求时，实际工资下跌，诱使需求量增加、供给量减少，直到供给等于需求，失业就会慢慢消除，劳动市场处于充分就业状态。但是古典学派认为，由于市场力量以外因素的障碍，如法律、制度等，工资水平不能自由调整，工人不愿意降低实际工资，因而造成工资要求太高，失业就不可避免了。

根据古典学派的观点，要消除失业，在工人愿意接受降低工资以及不因价格水平上升而要求提高工资的前提下，降低工资和宽松的货币政策是消除货币工资过高的有效办法，通过降低贷款利率和有伸缩性的工资政策，就能避免失业，实现充分就业。

根据古典学派的观点，市场的供求规律是消除失业的最好工具。也即政府要减少失业，最好的办法是不要人为地制定保护劳动的制度和政策，只要充当市场经济的"守夜人"就好了。但是这种尚无严格意义的"反失业"理论，充其量只是对于失业原因的表象解释而已，其政策建议也存在着一定的片面性。

5.1.2 凯恩斯主义失业理论

凯恩斯主义经济理论中的失业为非自愿失业。它是指由于有效需求不足、商品市场萧条、企业压缩生产和减雇工人而使工人被迫离开工作岗位。凯恩斯的失业模型建立在两个观点的基础之上：第一是名义工资和价格刚性。名义工资对劳动力市场的非均衡做出调整，名义价格对商品市场的非均衡做出调整，但是这种调整是非常缓慢的，以至于实际上不能保证劳动力总是保持充分就业、商品市场总是保持出清。因此，由于包括工资在内的价格变量具有不易向下调整的刚性，当市场出现供求不均衡现象时，做出调整不是名义变量——工资和价格，而是实际变量——投入的劳动和产出量，因而不可避免地就产生了失业问题。第二是有效需求不足。在三条基本规律——边际消费倾向递减、边际投资效率递减和流动偏好的作用下，产品市场供过于求成为一种常态。社会有效需求总是不足的，商品市场萧条，企业压缩生产、减少雇佣工人而迫使工人离开他们的供给曲线，造成非自愿失业。

凯恩斯主张政府采取各种措施干预和调节经济，增加全社会的货币总支出，扩大全社会对消费资料和生产资料的需求，以实现充分就业。其政策主张主要包括：①货币政策。实行扩张性货币政策以刺激投资，通过调整法定准备率、贴现率和公开市场业务等措施，扩大社会支出，刺激私人投资。凯恩斯主张推行通货膨胀政策，认为通货膨胀政策是解救危机和减少失业的行之有效的办法,以此达到充分就业。②财政政策。凯恩斯认为医治失业最有效和最重要的政策是财政政策,即由国家直接投资或消费来弥补私人消费和投资的不足,以便提高国民收入和就业水平。同时他主张利用高额的累进税政策,进行收入的再分配,以提高消费倾向,进而提高全社会的就业水平。③外贸政策。凯恩斯主张国家干预贸易活动,刺激出口,限制进口,对于增加本国国民收入、解决失业和危机的效果会更好。

5.1.3 供给学派的失业理论

供给学派的主要观点是由于投资者缺乏投资的积极性,劳动者缺乏工作的积极性,导致较低的生产率,因此是供给不足而不是需求不足。供给不足的主要原因在于税率过高。税收增加,一方面减少生产要素收入,从而减少生产要素的有效供给,另一方面提高要素成本,减少要素需求,最终减少就业量。拉弗曲线表明税收只能在一定的税率范围内增加税收收入,超过某一界限税率的增加只能使税收收入逐渐减少。当税率逐渐上升时,人们通常以提供更多的劳动时间、更加勤勉工作的意愿,来弥补由于税收提高而减少的收入,但是工作效率下降了,劳动强度的增加不利于经济增长和就业增加。

供给学派认为利用财政政策,特别是税收政策对于增加就业具有重要的作用,主张大幅度地减税,认为降低个人所得税能够增加储蓄,增加投资。降低公司所得税则能够在单位成本不变的情况下增加公司收入,从而增加劳动需求。同时供给学派主张在降低税率的同时,要减少政府支出。

5.1.4 货币主义学派的自然失业率假说

货币主义学派是继凯恩斯之后主张自由主义的另一种学说。

弗里德曼在 1968 年《货币政策作用》中首先提出自然失业率的概念，在他看来，自然失业率是指在没有货币因素干扰的情况下，由劳动力市场和商品市场的供求力量自发发挥作用时应有的、长期处于均衡状态中的平均失业率，它与劳动力市场的实际工资相对应，而且是不断变化的。其中所谓的长期均衡状态是指人们持有完善的信息，对有关物价等经济变量能够进行正确的预测的状态。

货币主义学派采用适应性预期假说对菲利普斯曲线进行了修正，提出了附加预期的菲利普斯曲线，说明短期菲利普斯曲线和长期菲利浦斯曲线存在不同，自左向右的菲利浦斯曲线只存在于短期，而长期的菲利浦斯曲线是一条垂直于自然失业率的直线。在货币主义学派看来，自然失业率作为宏观经济运行的判断标准之一，具有非常重要的政策含义。当自然失业率低于实际失业率时，采取适当的宏观经济政策，如扩大总需求而不是加速通货膨胀就能使实际失业率降下来。当自然失业率高于实际失业率时，刺激经济的政策只能加速通货膨胀而不能降低失业率。对于后者，为了减少失业，通过提高劳动市场的效率的结构性政策使自然失业率本身下降才是正确的。

货币主义学派的观点在一定程度上解释了战后长时期内资本主义国家实行国家干预政策所造成的滞胀等一系列严重后果，但是自然失业率无法进行准确的测量和估算，使得货币主义的种种理论和政策建议失去了根基。

5.1.5 理性预期学派的失业理论

理性预期学派认为失业作为一种实际的经济变量，是由诸如劳动市场的供求关系、生产的技术条件、经济技术结构等实际因素决定的，与货币数量及货币数量所决定的价格没有关系，也即，失业和通货膨胀之间没有直接的关系，二者不存在相互交替的关系。

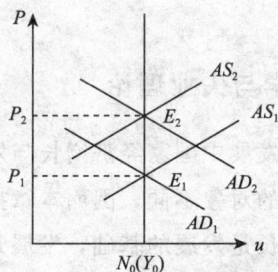

图 5-2　理性预期学派：短期菲利浦斯曲线

理性预期是指对未来价格波动（包括市场供求波动、利息率、利润率、租金率、工资率和汇率的波动等）的预期，是在综合过去信息和现在信息的基础上做出的。理性预期学派根据理性预期假说认为即使是在短期，菲利浦斯曲线也是不存在的。如图 5-2 所示，横坐标表示就业量，纵坐标表示通货膨胀率。当货币当局把货币供应量从 M_1 提高到 M_2 时，总需求曲线从 AD_1 向上移动到 AD_2，由于按照理性预期假说，人们预期的通货膨胀率等于实际的通货膨胀率，因而随着总需求曲线的移动，总供给曲线也将同时由 AS_1 向左上方移动到 AS_2，总供给和总需求相交于 E_2 点，这时的通货膨胀率提高到 P_2，就业量（N_0）和实际的国民收入（Y_0）保持不变。

由此理性预期学派得出结论：在市场经济条件下，由于价格和工资可以适应市场供求状态及时调整，因此市场机制有着使市场经济国家的经济趋于充分就业的必然趋势。旨在降低失业率的需求管理的政策所引起的通货膨胀由于被人们准确无误地预料到，所以最终结果只能引起工资和物价上涨，而不会减少失业。由于人们的理性预期，政府降低失业率的政策归于无效，理性预期学派提出政府不干预的就业政策。显然这一结论有些武断，在现代的市场经济条件下，政府并不总是无能的，政府应该和市场相得益彰。

5.1.6　发展经济学与失业理论

发展经济学研究发展中国家经济增长与发展问题，由于它与西方主流经济学研究的对象不同，因而本章把其单独列出来，作为一种理论流派。增长是发展的基础，发展是增长的结果。发展的过程，是投入和产出结构变化的过程。在发展经济学中，失业问题是其所研究的重要内容之一。

早期的经济增长模型关于就业的一些主要观点有：经济增长是保持较高就业率的必不可少的条件；收入分配对就业的影响比较复杂；经济增长通常伴随着物价的上涨，但通货膨胀本身不会创造就业机会，如果要增加就业，只能依靠经济增长。经济周期波动会使失业率时高时低，具体失业水平与政府干预经济的措施的强度和时效性有关。在舒尔茨明确地提出人力资本的概念并把它纳入到经济增长中之后，有关学者[1]提出在解决失业问题时必须要充分地考虑人力政策。

以威廉·刘易斯、费景汉、古斯塔夫·拉尼斯和托达罗为代表的发展中国家经济问题研究者提出了二元经济理论，将发展中国家经济划分为传统部门和现代部门，传统部门以自给自足的农业部门为代表，现代部门以采用比较先进的技术的工矿业、建筑业、近代商业和服务业为代表。他们研究了传统经济在向现代经济的转化的过程中，如何把经济增长过程与农业劳动力转移过程

---

[1]　吉利斯·波金斯，罗默·斯诺德格拉期. 发展经济学. 北京：中国人民大学出版社，1998：249—250.

有机结合起来，消化农村剩余劳动力，减轻城市就业压力，实现农业和工业的均衡发展❶，并最终消除二元经济。

5.2 国内关于失业原因问题研究的简要评述

我国现在正处于经济和社会的巨大变革之中，生产方式存在着巨大的差异，市场化的经济体制改革中需求结构和产业结构正在发生着变动，同时我国经济受国际经济状况的影响日益加深。种种因素加在一起，决定了我国现阶段失业的原因也是非常复杂的。我国国内关于失业问题的研究比较多，关于失业原因，综合起来，有以下几个方面：

第一，造成我国目前城镇就业形势严峻局面的主要原因在于劳动力总量供大于求。根据国家有关部门和专家学者的抽样调查，我国每年新增 1 300 万劳动力，加上下岗职工、隐性失业和其他未登记失业人员，我国城镇的实际失业率应该在 7% 左右，不少于 3 000 万人，而我国每年所能增加的就业岗位仅为 800 万个左右❷，劳动力供求形势比较严峻。

第二，劳动力供给需求结构不匹配的结构性问题。我国一方面存在着大量的失业人员，另一方面仍然有大量的空岗存在，高级专业技术人员和高素质人才仍然很缺乏。对我国失业人口的构成进行分析，大多数的失业者属于文化素质偏低的工人。失业问

---

❶ 费景汉—拉尼斯模型描述了二元经济发展的三个阶段。第一阶段：农业中存在大量剩余劳动力，工业部门吸收剩余劳动力。第二阶段，农产品逐步出现短缺，工业贸易条件恶化，工业吸收剩余劳动力进展放慢。第三阶段，工业在继续吸收剩余劳动力的同时，农业劳动生产率提高，农业商品化进程加快，农业剩余劳动力吸收完毕，二元经济不再存在。

❷ 李欣欣. 我国城镇失业人员的现状、原因、趋势、影响及对策. 经济研究参考，2003（4）.

题严重的行业就业增长缓慢，而新型的扩张的行业就业增长速度则较快，劳动力供求结构的不匹配特征十分明显。

第三，我国目前失业现象主要是经济体制转轨所造成的，要了解我国经济中的失业问题，必须着眼于我国从计划经济体制向市场经济体制过渡的客观事实。改革开放以来，企业为适应市场经济的要求，提高效益和竞争力，把传统分配体制下所吸收的大量富余劳动力裁减下来，同时政府机构和事业单位的改革也分流出大批的下岗人员。

第四，传统的工业模式向现代工业模式的转变。建国初期我国工业的发展大都是建立在劳动密集型的基础上的工业模式，而随着市场经济体制的建立，我国的工业模式逐渐从劳动密集型转向资本密集型的工业模式，资本密集型的工业必然减少对劳动的需求，造成一部分工人从生产中被排挤出来❶。

笔者认为，上述的各种原因都是对失业原因的有益探讨，对于解决我国的失业问题将大有裨益。但是问题在于对我国失业原因的不同认识将导致不同的政策导向和不同的政策重点。同时考虑到我国失业统计口径存在问题不利于本书进行数量分析，我们将分析失业问题的对立面——就业问题，并本着沿着一条主线，兼收并蓄其他因素，着力分析主线中的各种矛盾的思想方法进行研究。因此本章将沿着全文分析的主线，从财政政策的角度分析就业问题，同时考虑其他因素对就业的影响，以期得出从财政政策的角度促进就业解决失业问题的对策。

---

❶ 袁志刚. 中国就业报告（1978－2000）［M］. 经济科学出版社，2002：89.

5.3 关于就业研究的文献综述

财政政策对就业的影响主要是通过政府支出和税收两个方面产生的。Bairam（1991）利用美国 1890—1980 年的时序资料，运用极大似然估计的方法，估计了政府支出对失业的弹性，得出结果：政府支出对失业的弹性为负值，且随着时间推移，政府支出的增加会降低失业率进而促进增长，与凯恩斯主义的观点一致。

Cuthbertson 等（1979）利用伦敦 1971 年 32 个区的资料分析地方政府财政政策对就业的影响。回归估计的结果表明政府支出增加 100 万英镑，平均来讲将会增加 600 个制造业就业岗位和 1 340 个服务业岗位（不包括地方政府部门就业）。如果地方税收增加 100 万英镑，在短期内，制造业就业岗位将会减少 1 268 个，服务业就业岗位将会减少 9 476 个。

Phipps 和 Sheen（1995）利用澳大利亚 1979 年第一季度至 1993 年第三季度的数据资料分析产出、财政政策、货币政策和外部冲击对于就业的影响，分析的结果表明产出增长率对就业增长率有显著地促进作用，财政政策中政府投资支出对就业增长有显著的正向的影响，且这种影响是稳健的。政府消费支出对就业增长虽然也是正向的，但是不显著。平均税率对就业的影响不显著。Nickell 和 Layard（1999）研究宏观税负和失业之间的关系，研究结果表明宏观税负的提高是失业率的主要原因。

Kallianiotis（2005）就澳大利亚、法国、德国、比利时、芬兰和丹麦等西方国家分析工业产出、货币供给、政府支出和税收对于就业的影响。实证分析的结果表明，每个国家的回归结果均不同，就财政政策来看，在澳大利亚、丹麦、法国和德国财政政策对失业没有显著的影响。在比利时政府支出降低了失业率而税收对失业率则无显著的影响。在芬兰政府支出增加了失业，税收降低了失业。

Demetriades 和 Mamuneas（2000）建立了一个生产者动态模型，在生产者利润最大化的假设下，公共基础设施被作为免费的投入品投入使用，通过对 12 个 OECD 国家 1972—1991 年的数据资料的分析，发现公共投资具有正的产出效应，且在短期和长期对私人投入需求都具有正向的影响，公共投资对就业具有正向的影响，且短期和中期的影响要大于长期的影响。Pereira 和 Roca-Sagales（1999）的研究也表明公共投资对就业具有正向的影响。Raurich 和 Sorolla（2003）认为公共资本提高了全要素生产率，并改变了劳动供给的弹性，财政政策对就业的影响取决于劳动供给弹性和公共资本之间的关系。当劳动供给的弹性随着公共资本提高，就业就会随着对利息的征税而提高，相反，当劳动供给的弹性随着公共资本下降，对任何收入征税的提高则会降低就业。

国外还有大量的文献从理论模型和实证分析的角度研究了劳动税和失业之间的关系。由于发展中国家数据比较有限，这些研究主要集中在发达国家。从理论的角度来看，劳动税的提高也就意味着劳动成本的提高，它会使企业用资本来代替劳动，降低对劳动的需求，从而产生失业。从实证分析的角度来看，结果不尽一致。Daveri 和 Tabellini（1997）对 14 个工业国家 1965—1991 年的分析结果表明在欧洲劳动税的提高对失业有着很强的正向的冲击，而在其他工业国家这种效应不存在。Turvainen（1994）的研究结果表明在美国和英国，税收没有显著地影响到劳动成本，进而对失业没有影响。Calmfors 和 Nymoen（1990）的研究发现在丹麦、瑞典和挪威税收仅在短期内影响失业。Eriksson

等（1990）的研究表明在芬兰税收和就业在长期仅有微弱的联系。Dolado 等（1986）和 Browne 和 McGettigan（1993）的研究则表明税收的提高在一定程度上解释了西班牙和爱尔兰失业率的提高。此外，Andersen 和 Risager（1990）的研究发现丹麦劳动税收显著地影响到劳动成本。Noghadam（1994）对法国的研究结果表明对劳动者征税的降低将会降低失业率。

　　在分析就业和失业的大量文献中，普遍关注的一个问题是增长与就业之间的关系。尽管受到极大的关注，但是两者之间的关系却没有形成一致的结论。美国经济学家奥肯利用美国 20 世纪 50 年代和 60 年代的数据，从实证的角度得出结论：实际 GNP 增长率比潜在 GNP 增长率下降 3 个百分点，失业率上升 1 个百分点。Saint-Paul（1991）利用 OECD 国家的资料的研究则表明平均增长率和失业之间存在着长期的正向关系。Phelps（1968）和 Gordon（1995）则认为长期失业率趋向于自然失业率，而自然失业率不受经济增长率的影响。Smonetti 等（2000）使用美国、意大利、日本和法国 1965—1993 年间的数据对增长和失业之间的关系进行逐个估计，结果表明增长与失业之间没有一致的联系。Aghion 和 Howitt（1994，2004）在研究失业和经济增长之间的关系时则指出经济增长对失业存在着两种相反的作用，一种作用是创造性毁灭，在总的空缺岗位数保持不变的情况下，提高增长速度直接增加工作岗位毁灭的速度，因而这种直接效应提高了失业率。同时生产单位较快的过时速度缩短了投资的回报期，阻碍了新生产单位的建立，空缺岗位就比较多，这种间接效应也导致较高的稳定状态均衡失业率。另一种作用是资本化效应，当提高增长速度时，创建一个生产单位的报酬增加，进而增加了回报的资本化价值，鼓励更多的企业进入，最终形成更多的就业岗位。经济增长和失业的关系取决于两种效应的对比。

我国国内学者也就我国的失业和就业问题进行了大量的研究。具体到财政政策对失业就业的影响，研究者比较少。马拴友（2001）对财政政策促进就业的研究建立在奥肯法则的基础上，认为财政政策通过扩大总需求，改善供给结构，促进了经济的增长，因此促进了就业。他测算的结果是1998—2000年积极财政政策促进我国非农就业增长0.57％、0.73％和0.7％。夏杰长（2000）提出财政政策可以在经济增长、结构调整、人力资本政策和失业保障制度建设等方面采取一系列措施，用来在一定程度上缓解失业问题。卢亮（2005）利用乘数理论计算出1998—2002年政府支出对国民收入的拉动作用，进而估计出积极财政政策创造出就业岗位1 741.3万个。中国失业问题与财政政策研究课题组（2005）的研究表明，1998年以来，积极财政政策对GDP增长的贡献率每年大约在1.5～2个百分点，有效地拉动了经济增长和就业，同时所实行的"三条保障线"政策、税收优惠的就业扶持政策和劳动力市场就业的公共服务政策均有效地促进了就业的增长。于爱晶和周凌瑶（2004）利用Granger因果关系检验得出结论：就业增长要求政府投资不断增加，同时协整回归的结果表明政府投资增加1个百分点，会带来就业提高0.14个百分点。此外我国学者苗迎春和史灵敏（2004）、胡金波和郑垂勇（2003），以及顾晓惠（1999）等研究了财政政策促进就业的理论机制。尹音频和张昆明（2004）从理论分析的角度分别分析了财政支出结构、税收结构、失业保障结构的就业效应。

关于经济增长与就业失业之间的关系的研究，我国不同的学者亦有不同的看法和研究结果。邹薇等（2003）利用1980—1996年GDP、GNP和城镇登记失业率建立模型，结果发现中国的总量经济增长和城镇登记失业率明显偏离奥肯定律，失业率对自然失业率的偏离与产量缺口之间并无显著的线性相关关系。顾建平（2003）认为中国 20 世纪 90 年代后的经济增长主要由投资推动，且资本形成始终沿着产业选择上的资本密集型和技术选择上的劳动节约型轨道前进，这是造成经济增长的同时就业弹性下降的重要原因。龚玉泉和袁志刚（2002）、李红松（2003）和蔡昉（2004）等研究指出中国经济增长的就业弹性趋于下降，由此产生推论经济增长未能带来相应的就业增加。李从容和段兴民（2005）、李俊锋（2005）和袁志刚（2002）等则认为经济增长能够推动就业的增长，二者是正相关的。

尽管我国目前很多学者对我国的失业就业问题进行了大量的研究，但是仍然存在以下的不足：①从财政政策的角度对我国的失业就业问题进行研究的比较少，现有的研究大部分是从理论的角度分析的，少量的实证分析则是建立在经济增长促进就业的命题的基础上。然而对于经济增长是否能够促进就业增长，国外学者尚未形成一致的观点，国内学者就我国实际情况的分析结论亦不相同。因此财政政策的就业效应的实证分析就显得缺乏说服力。②现有的研究大部分都是从一个角度来分析其与失业之间的关系。我国的失业问题是一个复杂的现象，其形成原因是多方面的，因此在解决失业增加就业时需要从多个方面来进行考虑和分析。③不同产业对各经济变量的响应可能是不同的，但是现有的研究中很少有将整体分析和局部分析相结合。本章拟从财政政策的研究角度出发，同时考虑其他影响就业的经济因素，共同分析它们对于我国就业的影响，同时结合产业分析，从多个角度探寻我国失业问题的对策。

5.4　财政政策促进就业的经济学分析

在了解了国内外关于就业问题的研究现状，尤其是关于财政政策的就业效应的研究现状的基础上，本书利用 Vincenti（2001）模型分析财政政策的就业效应，并进一步利用我国的数据进行实证分析。

5.4.1　消费者市场和厂商均衡

Vincenti 利用消费者市场理论建立了一个非加速通货膨胀失业率的动态模型，分析财政政策对于就业失业的影响。

非加速通货膨胀失业率是指协商的真实工资等于厂商根据定价法则所确定的工资时的失业率，这时的通货膨胀预期在对过去经济发展情况的分析基础上得到实现。协商的真实工资 w_B 是失业率 u 的递减函数，即：

$$w_B = w_B (u) \qquad w'_B < 0 \tag{5-1}$$

劳动合同确定名义工资 W[①] 以便在预期的价格水平上获得 w_B。在给定名义工资的条件下，厂商在成本的基础上设定一个增幅（通常与产品的价格弹性有关），确定产品的价格。这样实际的真实工资 w 是由厂商在销售市场上的行为来决定的。因此，当根据过去经济发展形势所做出的预期是正确时，厂商根据定价法则所确定的工资就等于协商的真实工资。

微观经济学中不完全信息表明竞争性厂商面临的是折弯的需求曲线。市场中的消费者对于价格甚至是产品的质量信息不完全，由于在交易过程中交易成本的存在，每一个厂商都能够通过稳定的价格与消费者建立客户关系，并使他们重复购买。在这样的客户市场条件下，厂商所面临的需求曲线在购买者的最低保留价格（Reservation Price）处出现折弯，提价就会带来需求的下

---

　　① 对于价值量的变量，小写字母表示不变价格的变量，大写字母表示名义价格的变量。

降。原因有：①消费者的保留价格低于新价格，他们会转向其他的厂商。②剩余的购买者会降低他们的购买。③在目前正在徘徊的消费者群中获得新的顾客的可能性降低。相反，如果厂商降价，购买其他厂商产品的顾客对此知之甚少，那么只能由于①现有顾客购买增加，②在徘徊的顾客群中争取新的顾客可能性增大，需求增加。因此需求曲线表现出价格提高时弹性要大于价格降低时的弹性。

为简单起见，做均匀（symmetry）假设，假定所有的厂商运用同样的线性生产技术（里昂惕夫技术），生产的是同质的最终产品，由于顾客对价格的不完全信息而面临的是同样折弯的需求曲线。a_N 和 a_K 表示单位产出所要求的劳动和资本投入，厂商的边际成本保持不变，直到资本达到充分的利用。

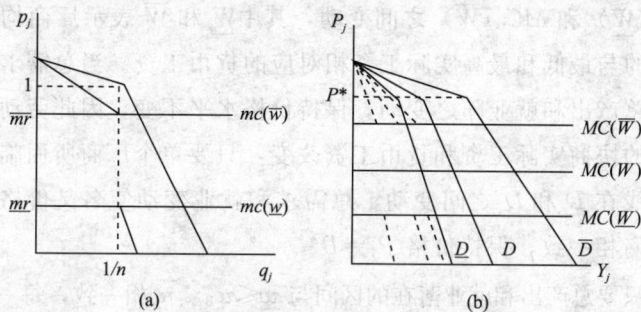

图 5-3　折弯的需求曲线

图 5-3（a）是厂商 j 在均匀假设条件下的需求曲线，q_j 为 j 厂商的市场份额，p_j 为实际价格（$p_j = P_j/P$，P_j 为厂商设定的名义价格，P 为一般价格水平）。需求曲线在顾客的最低保留价格 p^* 处出现折弯，而这一点只能是上一期的均衡价格。在均匀假设条件下，均衡价格只能是 1。在当期，对于 $p_j = p^* = 1$，厂商 j 的市场份额为 $1/n$（n 为厂商数）。实际边际收入函数 mr 在

$q_j = 1/n$ 处出现间断，在间断处确定了与厂商均衡相一致的实际边际成本 $mc = wa_N$ 的界限，这时对应的实际工资的界限为：

$$\underline{w} = \frac{\underline{mr}}{a_N}, \quad \overline{w} = \frac{\overline{mr}}{a_N} \tag{5-2}$$

$\underline{W}$ 为最低实际工资水平，由边际收入的间断处 $\underline{mr}$ 决定。$\overline{W}$ 为最高实际工资水平，由间断处 $\overline{mr}$ 决定。

对于给定的初始价格水平 P^*，图 5-3（a）中的需求曲线可以转换为图 5-3（b）中的曲线 D，它表示的是厂商 j 的产量 Y_j 和名义价格 P_j 之间的关系。当消费者的价格预期是 $P^e = P^*$ 时，总需求的变动使得厂商所面临的需求曲线在界限 $\underline{D}$ 和 $\overline{D}$ 之间变动，而不会导致厂商变动它的价格。一般价格水平是相等的，$P^e = P^*$ 是自我实现的预期。这时的名义边际成本 $MC(W)$ 在 $MC(\underline{W})$ 和 $MC(\overline{W})$ 之间变动，其中 $\underline{W}$ 和 $\overline{W}$ 表示厂商均衡条件下的与最低和最高实际工资相对应的货币工资。当总需求变动时，总产出和就业随之变动，保持价格水平不变，因此劳动合同确定的协商实际工资和货币工资改变，只要单个厂商所面临的需求曲线在 $\underline{D}$ 和 $\overline{D}$ 之间变动，总需求和就业变动使名义价格与厂商均衡相一致，保持价格 $P_j = P^*$。

只要总产出和就业落在的区间与 $\underline{w} \leqslant w_B \leqslant \overline{w}$ 相一致，每一个厂商会以与 P^* 相同的变化速度提高名义价格 P_j，即 $\tilde{P}_j = \tilde{P}^*$ ❶。事实上，对于预期的通货膨胀率 $\tilde{P}^*$，货币工资的变化与厂商的均衡相一致，并保持实际价格不变，因此有：$\tilde{P} = \tilde{P}_j = \tilde{P}^*$，这样根据过去经济形势所预期的通货膨胀保持不变，预期是正确的。

均衡条件变为：

---

❶ 变量 $\tilde{P}_j$ 表示变量的变化率，后面不再加以说明。

$$\frac{mr}{a_N} = \underline{w} \leqslant w_B\ (u)\ \leqslant \overline{w} = \frac{\overline{mr}}{a_N} \tag{5-3}$$

这是一个非加速通货膨胀失业率区间，在失业率介于 $\overline{u}$ 和 $\underline{u}$ 之间时，通货膨胀保持不变。其中 $\overline{u}$ 是协商实际工资等于与厂商均衡 $\underline{w}$ 相一致的最低实际工资时的失业率，$\underline{u}$ 是协商实际工资等于与厂商均衡 $\overline{w}$ 相一致的最高实际工资时的失业率。

假设协商工资价格函数是线性的，

$$w_B = b\ (1-u) \tag{5-4}$$

这里 b 是依赖于工会合同力量的参数。利用（5-2）式和（5-3）式得到：

$$\overline{u} = 1 - \frac{mr}{ba_N},\ \underline{u} = 1 - \frac{\overline{mr}}{ba_N} \tag{5-5}$$

由（5-4）式可以得到：

$$\dot{w}_B = -b\dot{u},\ \tilde{w}_B = -\frac{\dot{u}}{1-u}$$

对于 $\underline{u} < u < \overline{u}$，劳动合同所确定的货币工资的变化率为：

$$\tilde{W} = \tilde{P}^e + \tilde{w}_B = \tilde{P}^e - \frac{\dot{u}}{1-u} \tag{5-6}$$

其中 $\tilde{P}^e$ 是通货膨胀的预期变化率。

对于 $u < \underline{u}$，过去时期实际工资等于 $\overline{w}$。由于 $w_B > \overline{w}$，每一厂商都倾向于提高价格。根据均匀假设，所有的厂商以相同的比例提高他们的名义价格，相对价格保持不变，仍然为 1。货币工资由合同决定，因此名义价格需要提高到最终恢复厂商均衡，相对价格等于 1 的水平；对于 $u < \overline{u}$，过去时期实际工资等于 $\overline{w}$，因此，随后时期货币工资的变化率为：

$$\tilde{W} = \tilde{P}^e + \frac{w_B - \overline{w}}{\overline{w}}$$

同样的，对于 $u > \overline{u}$，过去时期实际工资等于 $\underline{w}$，劳动合同确定的货币工资的变化率为：

$$\tilde{W} = \tilde{P}^e - \frac{w - w_B}{w}$$

因为对于 $u \leqslant \underline{u}$ 和 $w_B \geqslant \overline{w}$，厂商的价格制定行为将会使实际的真实工资 w 等于 $\overline{w}$。而对于 $u \geqslant \overline{u}$ 和 $w_B \leqslant \underline{w}$，同样的行为会使 $w = \underline{w}$。在这种情况下，实际的通货膨胀率为：

$$\tilde{P} = \tilde{W} = \tilde{P}^e + \frac{u - r}{1 - \underline{u}} \quad u \leqslant \underline{u}$$

$$\tilde{P} = \tilde{W} = \tilde{P}^e - \frac{u - \overline{u}}{1 - \underline{u}} \quad u \geqslant \overline{u} \tag{5-7}$$

引入适应性预期：

$$\frac{d\tilde{P}^e}{dt} = \gamma \ (\tilde{P} - \tilde{P}^e) \quad 0 < \gamma \leqslant 1 \tag{5-8}$$

根据（5-7）式，当失业率从 $u \leqslant \underline{u}$ 达到 $\underline{u}$，或从 $u \geqslant \overline{u}$ 达到 $\overline{u}$，利用适应性预期，可以得到 $\tilde{P} = \tilde{P}^e =$ 常数。对于 $\underline{u} < u < \overline{u}$，根据（5-6）式，货币工资的变化率与厂商的定价行为相一致，通货膨胀率是常数。即：

$$\tilde{P} = 常数 \quad \underline{u} < u < \overline{u} \tag{5-9}$$

5.4.2 总需求函数和财政政策

由于本章分析的主要目的在于失业对需求冲击的动态调整，所以对需求模型进行了简化。假定政府预算平衡，政府支出等于税收。采用标准的消费函数，自发性消费与私人部门实际净金融资产有关，并采取简单线性形式：

$$C = c \ [\ (M/P) + Y - T] \tag{5-10}$$

其中 C 为总消费，Y 为国民收入，M/P 为实际的货币供给，T

为税收收入。假定税收收入与国民收入 Y 无关，为外生变量，且税收收入 T 等于政府支出 G。

总需求函数由私人消费和政府支出构成，不考虑投资。在这一假定和消费函数形式的假定条件下，利率在模型中不产生影响，货币供给仅通过消费的财富效应对总需求产生影响❶。

假定政府支出以相同的比例购买各个企业的产品，根据均匀假定，$P_j = P$，单个厂商以一般的价格水平为私人和政府提供数量均为总需求的 $1/n$ 的产品。

定义 $s = 1 - c$ 为边际储蓄倾向，在上面假定的条件下，总需求为：

$$Y = \frac{1}{s}\left[c\left(\frac{M}{P}\right) + sG\right] \tag{5-11}$$

根据企业所采用的线性技术，总产出 Y 决定总的就业水平 N，即 $N = a_N Y$。因此失业率 u 决定于总需求函数：

$$u = 1 - \frac{a_N}{L}\frac{c(M/P) + sG}{s} \tag{5-12}$$

其中 L 为总劳动力数，且假定为常数。

接下来可以分析财政部门改变政府支出对失业率的影响。此时货币供给部门调整货币供给增长速度，以维持通货膨胀率不变。由式（5-12）得到：

$$\frac{\mathrm{d}u}{\mathrm{d}t} = -\frac{a_N}{L}\frac{\mathrm{d}G}{\mathrm{d}t} \tag{5-13}$$

结合（5-7）、（5-8）、（5-9）式，得到动态系统：

$$\tilde{P} = 常数 \qquad \underline{u} < u < \bar{u}$$

$$\tilde{P} = \tilde{W} = \tilde{P}^e + \frac{\bar{u} - u}{1 - \underline{u}} \qquad\qquad u \leqslant \underline{u}$$

---

❶ 出于对本书的研究目的的需要，货币供给甚至可以看做由外部给出的。

$$\tilde{P} = \tilde{W} = \tilde{P}^e - \frac{u - \bar{u}}{1 - \bar{u}} \qquad u \geqslant \underline{u}$$

$$\frac{d\tilde{P}^e}{dt} = \gamma \ (\tilde{P} - \tilde{P}^e) \qquad 0 < \gamma \leqslant 1$$

$$\frac{du}{dt} = -\frac{a_N}{L}\frac{dG}{dt}$$

由该动态系统可以看出，保持失业率 u 在非加速通货膨胀失业率的范围内，政府支出的增加会降低失业率，同时保持通货膨胀率不变。在失业率为 $\underline{u}$，增加政府支出，将降低失业率，同时伴随着通货膨胀率的上升。在失业率为 $\bar{u}$，政府支出的减少则会提高失业率，同时伴随着通货膨胀率的下降（利用对 $\tilde{P}$ 的微分和一些简单的变换求得）。

5.4.3 税收和失业关系分析

关于税收和就业之间的关系分析，国外学者主要关注的是劳动税收对失业的影响。劳动税的提高也就意味着劳动成本的提高，它会使企业用资本来代替劳动，降低对劳动的需求，从而产生失业。但是如果劳动市场是竞争性的，单个劳动供给的弹性比较小，因此对劳动收入所征收的税赋几乎完全由劳动者承担，也就对失业产生不了多大的影响。如果劳动者由工会组织起来，他们就能够成功地将劳动税收的负担转嫁给企业，在这种情况下，劳动税收的提高就会长期的提高失业。

5.5 财政政策的就业效应实证分析

5.5.1 实证模型的确定

由于我国没有完整的市场失业率统计，本章从就业的角度进

行分析。由政府支出和税收对失业的影响的分析可以看出，政府
支出的增加将降低失业率，而劳动税收的提高则会提高失业率。
由于从我国的税收结构来看，劳动税率是最低的，从第三章税收
结构与经济增长部分的分析结果可知，虽然我国的劳动税率保持
逐步提高的趋势，但是即使在 2003 年劳动税率尚不到 10％。而
且考虑到税收结构的数据期较短，本章在分析税收对就业的影响
时利用宏观税负数据。同时根据已有的理论和实证研究，就业还
被认为受到经济增长率和外商直接投资❶的影响，所以综合考虑
这些因素，本书采用模型：

$$LABOR = f\ (G，TAX，GDPR，FDI)$$

其中 LABOR 表示就业，G 表示政府支出，TAX 表示宏观税负，
GDPR 表示经济增长率，FDI 表示外商直接投资。

5.5.2　数据来源与指标计算

由于 FDI 数据从 1983 年开始，本书分析的数据区间为
1983—2003 年。政府支出数据来自财政支出，由于财政支出有
财政预算支出和预算外财政支出两部分，所以本章将财政预算支
出（YSG）和预算外财政支出（YSWG）都考虑进来，分析其
对就业的影响。宏观税负为小口径的税收负担，由税收收入占
GDP 的比重计算得到。考虑到我国农村人口居多，农业就业的
潜在弹性很大，本章重点分析各因素对就业总人数（LABOR）、
第二产业就业人数（LABOR2）和第三产业就业人数（LABOR3）
的影响。FDI 利用平均汇率转化为与其他指标同一单位后，利用

---

❶ 王剑（2005）和田素华（2004）等研究了外商直接投资的就业效应。他们一
方面分析了 FDI 拉动就业的直接效应，另一方面分析 FDI 与国内投资之间的关系，
分析由此对就业的间接效应，研究结果表明 FDI 促进我国实际就业的增长。

相应的商品零售价格指数转化为不变价格指标。GDP 指标在转化为不变价格指标后计算出对应的经济增长率（GDPR）。除经济增长率和宏观税负外，其余指标均取对数形式。

所有指标均由历年《中国统计年鉴》和《中国金融年鉴》计算和整理得到。

5.5.3 数据平稳性检验

利用 ADF 检验来检验数据的平稳性。检验的思路和前述各章平稳性检验的思路一致。具体检验结果见表 5-1。

表 5-1 实际经济变量时间序列的单位根检验结果

变量	检验类型 (c, t, p)	ADF 值	1% 临界值	5% 临界值	DW
LNLABOR	$(c, t, 0)$	-1.2523	-4.5000	-3.6591	2.11
LNLABOR2	$(c, t, 1)$	-0.8903	-4.5348	-3.6746	2.19
LNLABOR3	$(c, t, 0)$	-1.4142	-4.5000	-3.6591	1.93
LNYSG	$(c, t, 2)$	-1.2088	-4.5743	-3.6920	2.20
LNYSWG	$(c, 0, 0)$	-2.4905	-3.8067	-3.0199	1.82
TAX	$(c, 0, 5)$	-2.9208	-3.9635	-3.0818	1.97
GDPR	$(c, 0, 4)$	-2.8592	-3.9228	-3.0659	1.95
LNFDI	$(c, t, 2)$	-0.6987	-4.5743	-3.6920	2.14
D (LNLABOR)	$(c, 0, 0)$	-4.1531	-3.8304	-3.0294	2.00
D (LNLABOR2)	$(c, 0, 0)$	-3.7991	-3.8304	-3.0294	2.24
D (LNLABOR3)	$(c, 0, 0)$	-4.5899	-3.8304	-3.0294	2.14
D (LNYSG)	$(c, 0, 3)$	-4.9445	-4.6712	-3.7347	1.71
D (LNYSWG)	$(c, 0, 0)$	-4.8800	-2.6968	-1.9602	2.07
D (TAX)	$(0, 0, 2)$	-1.9951	-2.7158	-1.9627	2.29
D (GDPR)	$(0, 0, 0)$	-4.4752	-2.6968	-1.9602	1.87
D (LNFDI)	$(0, 0, 0)$	-2.1444	-2.6968	-1.9602	1.91

注：①检验类型 (c, t, p)，其中 c 表示常数项，t 表示趋势项，p 表示滞后阶数。②D 表示一阶差分。

由表 5-1 的单位根检验结果可以看出，各个变量在 5％ 的显著性水平下均是非平稳的时间序列，而它们的一阶差分序列在 5％ 的显著性水平下均是平稳序列。因此，通过检验可判断各个变量均为一阶单整 I（1）。

5.5.4 协整回归

由于各个变量均为一阶单整，所以它们之间可能存在长期的均衡关系，即协整关系。下面利用 E−G 两步法检验总的就业人数，第二、三产业的就业人数分别与财政预算支出、预算外财政支出、宏观税负、GDP 增长率和 FDI 之间是否存在长期的均衡关系，回归结果如下：

$$LNLABOR = 9.77 + 0.01LNYSG + 0.11LNYSWG + 0.001GDPR$$

$$\quad\quad\quad (0.2580) \quad\quad (3.0215) \quad\quad\quad (0.5369)$$

$$\quad\quad\quad (0.7999) \quad\quad (0.0086) \quad\quad\quad (0.5992)$$

$$-0.005TAX + 0.076LNFDI \quad\quad\quad\quad\quad (5\text{-}14)$$

$$(-1.0361) \quad\quad (6.9438) \quad\quad\quad\quad\quad\quad\text{——} t\ 值$$

$$(0.3166) \quad\quad (0.0000) \quad\quad\quad\quad\quad\quad\text{——} p\ 值$$

$R^2 = 0.94$，$\text{Adj }R^2 = 0.92$，$DW = 1.40$，$F = 50.10$

对模型的残差进行 1 阶和 2 阶的拉格朗日乘数检验，LM（1）$= 2.53$（0.13），LM（2）$= 1.18$（0.34），结果表明不存在序列相关。对模型的残差项进行 ADF 检验，采用无常数项和漂移项的形式，根据 AIC 准则和 SC 准则，确定最优滞后阶数为 0，检验统计量为 -3.2414，检验结果表明该模型的残差项在 1％ 的显著性水平上是平稳的。因此检验的结果表明总就业人数与财政支出、预算外财政支出、宏观税负、GDP 增长率和 FDI 之间存在长期的均衡关系。从回归的结果来看，我国经济增长对我国就业没有显著的拉动作用，财政预算支出和宏观税负对就业也没有显著的影响。而预算外财政支出对就业有显著的影响，预算外支出增加 1%，就业平均提高 0.11 个百分点。外商直接投资对我国就业也呈现出显著的正向影响，外商直接投资提高 1 个百分点，就业平均提高 0.076 个百分点。图 5-4 给出了协整模型的拟合效果图。

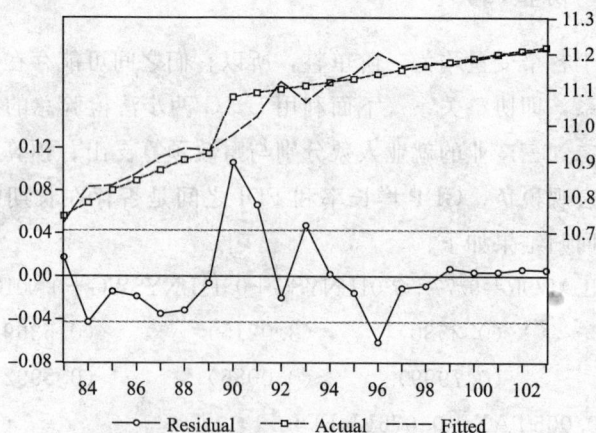

图 5-4　总就业人数协整模型拟合效果图

第二产业就业人数与财政预算支出、预算外财政支出、宏观税负、GDP 增长率和 FDI 的回归结果如下：

LNLABOR2＝8.60−0.097LNYSG＋0.127LNYSWG−0.0009GDPR

（−2.6993）　　　（3.7762）　　　　（−0.4330）

（0.0165）　　　　（0.0018）　　　　（0.6712）

＋0.0018TAX＋0.121LNFDI　　　　　　　（5−15）

（0.4365）　　　（12.2488）　　　　——t 值

（0.6687）　　　（0.0000）　　　　 ——p 值

$R^2＝0.97$, Adj $R^2＝0.96$, DW＝1.99, F＝100.53

对模型的残差项进行 ADF 检验，采用无常数项和漂移项的形式，根据 AIC 准则和 SC 准则，确定最优滞后阶数为 0，检验统计量为 -4.3533，检验结果表明该模型的残差项在 1% 的显著性水平上是平稳的。因此检验的结果表明第二产业就业人数与财政支出、预算外财政支出、宏观税负、GDP 增长率和 FDI 之间存在长期的均衡关系。图 5-5 给出了协整模型的拟合效果图。从回归的结果来看，我国的经济增长率和宏观税负对第二产业就业人数没有显著的影响。预算外财政支出和外商直接投资对第二产业就业人数有显著的正向的影响，预算外财政支出增加 1%，第二产业就业人数增加 0.127%，外商直接投资增加 1%，第二产业就业人数增加 0.12%。值得关注的是财政预算支出对第二产业的就业人数具有显著的负向影响，这与我国的现实国情有关。我国的国有大中型企业主要分布在第二产业中，改革开放后所进行的国有企业改革，一个重要的特点是国有企业人员的下岗分流，以减轻国有企业的负担。在此过程中财政所起到的作用是推动国有企业的改革，可能在一定程度上促进了国有企业吸纳人员

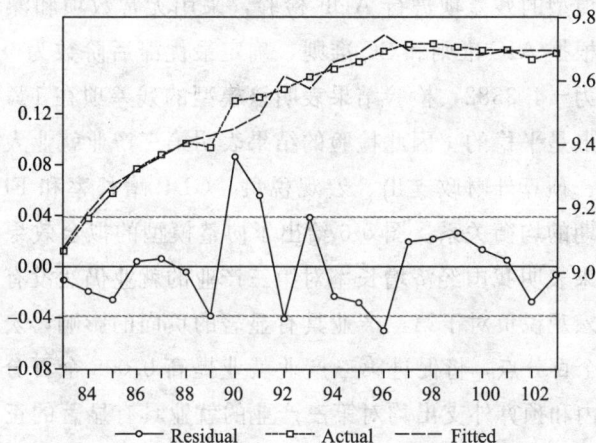

图 5-5　第二产业就业人数协整模型拟合效果图

数的减少。而财政帮助下岗失业人员的再就业工程，主要目标是鼓励其自主创业实现再就业，因此这部分作用在分析第二产业就业数时体现不出来。同时考虑财政支出预算内和预算外两部分对第二产业就业的影响，财政总支出对第二产业的就业仍是起到了显著的推动作用。

第三产业就业人数与财政预算支出、预算外财政支出、宏观税负、GDP 增长率和 FDI 的回归结果如下：

$$LNLABOR3 = 6.50 + 0.16LNYSG + 0.13LNYSWG - 0.002GDPR$$

(4.5620)　　　(4.0634)　　　　　(−1.1866)

(0.0004)　　　(0.0000)　　　　　(0.2538)

$$-0.008TAX + 0.16LNFDI　　　　　(5-16)$$

(−1.8794)　(16.0676)　　　　　——t 值

(0.0790)　　(0.0000)　　　　　——p 值

$R^2 = 0.992$，Adj $R^2 = 0.989$，DW $= 1.99$，$F = 376.99$

对模型的残差项进行 ADF 检验，采用无常数项和漂移项的形式，根据 AIC 准则和 SC 准则，确定最优滞后阶数为 0，检验统计量为 −4.3382，检验结果表明该模型的残差项在 1% 的显著性水平上是平稳的。因此检验的结果表明第三产业就业人数与财政支出、预算外财政支出、宏观税负、GDP 增长率和 FDI 之间存在长期的均衡关系。图 5-6 给出了协整模型的拟合效果图。回归的结果表明我国经济增长率对第三产业的就业仍然没有显著的影响。宏观税负对于第三产业具有显著的负向的影响，宏观税负降低 1 个百分点，将促进第三产业就业提高 0.008 个百分点。财政预算内和预算外支出均对第三产业的就业具有显著的正向的影响，预算内支出增加 1 个百分点，提高第三产业就业 0.16 个百分点，预算外支出增加 1 个百分点，提高第三产业就业 0.13 个百分点。外商直接投资对第三产业就业具有显著的正向的影响，外商直接投资提高 1 个百分点，将提高第三产业就业 0.16 个百分点。

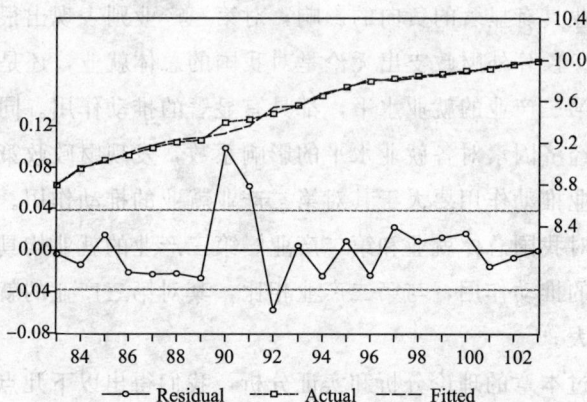

图 5-6   第三产业就业人数协整模型拟合效果图

5.6   结论和启示

本章在回顾了经济学各流派关于失业理论的观点之后，以财政政策对就业的影响为主线，从理论模型分析财政政策对失业的影响，并运用协整理论从实证的角度分析我国总就业人数，第二、三产业的就业人数分别与财政预算支出、预算外财政支出、宏观税负、GDP 增长率和 FDI 之间的协整关系。

实证分析的结果表明我国总就业人数、第二产业就业人数、第三产业就业人数分别与财政预算支出、预算外财政支出、宏观税负、GDP 增长率和 FDI 之间存在着长期的协整关系。GDP 增长率对我国就业没有显著的影响，对第二产业和第三产业的就业也没有显著的影响。宏观税率对我国总的就业和第二产业的就业没有显著的影响，但是对第三产业的就业具有显著的负向影响，降低宏观税负，有利于促进第三产业吸纳更多的就业人员。我国财政支出中预算支出部分对总就业没有显著的影响，对于第二产业的就业具有显著的负向的影响，对第三产业则表现出很强的推动作用。预算外财政支出无论是对我国的总体就业，还是对第二产业和第三产业的就业水平，都具有显著的推动作用。同时比较相同的经济因素对各就业水平的影响系数，发现财政政策对第三产业就业推动作用要大于其对第二产业就业的推动作用。外商直接投资对我国总体就业和第二产业、第三产业的就业均具有显著的正向的推动作用，与第二产业相比，其对第三产业的就业推动作用最大。

通过本章的理论分析和实证分析，我们得出以下几点启示：

第一，建立财政支出支持就业的基本框架，加大财政支出对于就业的扶持力度，尤其是对于第三产业就业的扶持力度。要加大调整财政支出结构的力度，逐步增加促进就业和社会保障的支出，开发公益性就业岗位、改进就业服务和强化职业培训，努力拓宽就业空间，以更好地发挥财政支出促进就业的机制。同时进一步规范预算外财政支出，以进一步发挥预算外财政支出促进就业的力度。

第二，加大税收对第三产业的扶持力度，并进一步完善现有的第三产业中促进就业的税收优惠政策。研究表明，第三产业已成为我国改革开放以来吸纳从业人员的主要力量❶。税收的总体负担对于我国的总体就业水平和第二产业的就业水平没有显著的影响，但是对于第三产业的就业具有显著的影响，所以从促进就业的角度来讲，更应该加大税收扶持第三产业的力度，制定并实

---

❶ 袁志刚. 中国就业报告（1978—2000）[M]. 经济科学出版社，2002：104—106.

施大力发展第三产业尤其是传统服务业的财政税收政策措施，增加就业岗位。大力发展非公有制经济，发展劳动密集型企业和中小企业，进一步拓宽就业空间。鼓励劳动者自主就业和创业、鼓励灵活就业、鼓励企业吸纳就业。

第三，实施有利于创业型就业的财政支出政策，鼓励投资，鼓励创业，促进就业。我国是一个人口大国，政府不可能大包大揽，但是政府要鼓励投资、鼓励创业、鼓励自我就业，及时给予相关政策。政府应通过制定宽松的政策、降低税负率、减少行政管理环节来促进就业，而且要转变就业观念，要树立通过创业来解决就业的观念。

第四，外商直接投资对促进我国就业具有显著效应。在全球经济一体化的大背景下，我国应充分利用发达国家的剩余资本，尤其是高技术含量资金的引进，与我国大量的剩余劳动力结合起来，以创造新的经济部门，增加新的就业岗位，提高我国的就业水平。在目前本轮全球经济下行的通道中，我国的外贸行业受到较大影响，并进一步影响就业水平，但是从长期来看，随着此次经济危机的减弱和世界经济的逐步复苏，外商直接投资将再次显现出就业促进效应。

6. 财政政策的价格效应分析

　　价格稳定是公共政策的一个重要目标。为了达到这一目的，必须首先回答：如何能够达到价格稳定？传统的货币主义学者提出的一个简单的答案是：央行始终致力于价格稳定就可以了。而近来一些经济学家开始重新思考这一答案的正确性，并带来了另外一种观点：一个坚实的独立的央行不足以确保价格水平的稳定。这种观点认为价格稳定不仅要求适当的货币政策，而且需要合适的财政政策的配合。我国在过去的 20 多年里，经历了 1985—1989 年、1993—1995 年两次严重的通货膨胀和 1998—2002 年的通货紧缩，2003 年初，我国居民消费价格总水平转降为升，2003 年 10 月份以来粮食价格大幅度上涨，带动居民消费价格总水平达到了自 1998 年以来的最高点。2004 年由于连续几年农产品歉收和投资过快增长导致价格总水平快速攀升。2007 年 8 月我国 CPI 同比上涨 6.5%，超过 1996 年的的纪录。价格的变化引发了各界的密切关注。本章试图从财政的角度研究我国物价水平的波动。

6.1　传统的价格水平决定理论——货币数量论

6.1.1　古典货币数量论

　　古典货币数量论认为，人们对货币的需求其实是对实际货币余额的需求，而后者同实际收入成正比，并且这种需求十分稳定，以费雪的交易方程式为例：

$$Mv = PY$$

该公式说明社会的货币量与社会的物价成正比，而与货币的流通速度成反比。即在假定货币的流通速度 v 不变的情况下，社会的货币量越多其物价水平就越高。货币数量论隐含地假设货币供给外生给定，这样在收入给定之后，价格决定问题就转化为一个货币需求函数问题。一旦货币需求决定之后，均衡价格水平就被货币供给（货币政策）所决定。将交易方程式动态化，并且按照货币数量论的观点，设定 $\dot{v}=0$，则有：

$$\frac{\dot{M}}{M} = \frac{\dot{P}}{P} + \frac{\dot{Y}}{Y}$$

如果货币发行量的增长速度 u 大于真实产出的增长速度 n，价格路径将以 $u-n$ 的速率增长。该理论第一次明确地将货币现象与物价水平联系起来，提出了新的见解。但是从宏观层次上来看，费雪交易方程式将货币和商品看做直接的一一对应关系，没有从微观层次的货币职能的角度去考察。其次货币流通速率不变的设定也是十分可疑的假设。

6.1.2 凯恩斯的货币理论

凯恩斯否认货币数量的变动会直接引起总需求变动进而直接引起价格作同比例变动的观点。他认为货币数量变动影响价格同比例变动只是充分就业后才能产生的一种特殊情况。货币数量的改变对有效需求产生的主要影响，是由于货币数量可以左右利率而产生的。凯恩斯认为有效需求包括两个部分：投资需求和消费需求。对有效需求起最后决定作用的因素主要有"消费倾向"、"对资本未来收益的预期"和"流动偏好"这三个基本心理因素以及货币量。心理上的消费倾向决定消费需求；心理上的"对资本的未来收益的预期"决定资本的边际效率；心理上的"流动偏好"和货币数量决定利息率。资本的边际效率与利息率决定投资需求。货币数量增加后，利率降低，从而刺激投资，经过乘数作用，增加有效需求。有效需求是否引起价格同比例上涨，要看是否实现充分就业。如果尚未达到充分就业，有效需求的增加仍有增加产量和就业的作用，反之，则只能引起价格的上涨和通货膨胀。

6.1.3　现代货币数量论

美国经济学家弗里德曼在 20 世纪 50 年代提出了现代货币数量论，即现代货币主义。该理论的核心是证明市场上货币量的变动是决定实际国民收入与价格水平的唯一重要的因素。分析现代货币主义，首要的是说明它的货币需求函数。弗里德曼认为，经济生活中，实际货币需求受多种因素的影响，但主要是由持久性收入决定。在短期持久收入是波动的，但波动的幅度并不大；长期持久收入是稳定增加的，货币需求也在稳定增加。所以货币需求函数是一个稳定的函数，货币供给量的变动是决定名义收入的唯一重要变量。

弗里德曼所指的收入有两个概念，一个是实际收入，另一个是名义收入。实际收入与名义收入之间的关系由物价水平来决定。他认为货币供应量很低的时候，人们的真实收入超过名义收入，一旦逐步增加货币供应量，人们的名义收入会逐渐增加，而真实收入也会增加，但其速度低于名义收入的增加。这样名义收入会先等于真实收入进而超过真实收入，随着货币供应量的进一步增加，最后名义收入会大于真实收入。费里德曼的收入概念就是国民收入，也就是整个社会人们用于消费支出、投资支出、政府财政支出的总源泉。在这里名义收入与物价指数相关，而真实收入则与社会的总产出相关。因此，货币供应量的增加会使名义收入增加，导致人们各种消费的增加，包括消费支出以及投资支出，这样能促使社会产出的增加，也包括物价水平的上涨。一旦货币供应的增长快于产出的增长，随之而来的就是发生通货膨胀。

6.2 财政政策与价格水平的决定文献综述

弗里德曼认为"通货膨胀总是，而且永远是一个货币现象"，大量的理论和实证研究表明价格变动与货币供应密切相关。但是越来越多的实证证据表明，货币供应量和价格水平的联系越来越小，货币主义通货膨胀决定理论存在局限性。越来越多的理论和实证研究开始关注财政政策与通货膨胀之间的关系。

Sargent 和 Wallace（1981）的经典研究 Some Unpleasant Monetarist Arithmetic 是价格决定理论发展的一个转折点，他们将长期被忽略的政府预算约束引入模型，在政府预算约束条件下重新考虑政策规则，证明了财政政策可以通过政府预算约束对价格产生影响。他们的研究为价格水平决定的财政理论（FTPL）奠定了基础。FTPL 理论最早的代表者是 Begg 和 Haque（1984），随后 Auernheimer 和 Contreras（1990）对该理论作了进一步的发展。但是后期的发展者对他们提及较少。

就像货币数量论认为价格水平由货币数量决定一样，价格水平决定的财政理论认为价格由政府债券的实际价值与政府财政剩余相等来决定。Leeper（1991）、Leeper 和 Sims（1994）、Woodford（1994，1995，1996，1998）、Sims（1994）、Cochrane（2000，2001）等对 FTPL 理论作了进一步的发展，使其成为比较成熟的理论。在 FTPL 理论模型中，财政政策与价格之间的传导途径是直接的，价格水平被决定的基本原理在于：价格水平进行调整，以维持政府跨期预算平衡。价格水平决定的财政理论使财政政策和价格水平的波动联系起来，其基本的经济基理是财政冲击对私人消费的财富效应（Wealth Effect）。政府预期盈余的减少使家庭感觉更富有，他们需求更多的产品和服务，超出了经济所能提供的供给，由此带来价格上涨。价格的上涨降低了家庭持有的名义资产的实际价值（事实上是政府的名义债务），由此恢复均衡。当价格上涨到使名义资产的实际价值不超过预期未来盈余的现值时，平衡得到恢复，在这样一点上，家庭的消费正好等于经济所能提供的供给。

FTPL 理论与传统观点的区别在于二者对于政府跨期预算平衡等式有不同的观点。政府跨期预算平衡等式表明政府债券的实际价值（名义债券/价格）与未来政府财政剩余的现值相等。传统的观点认为这一等式是对政府征税和制定政策的约束，也就是说政策必须使这一等式左右两侧相等，而无论价格是多少。FTPL 理论则认为不存在对政府政策这样的内在要求，在他们看来，跨期预算等式是一个均衡条件，当有外在的冲击影响到等式成立时，市场出清机制使价格改变，以恢复平衡。

Niepelt（2004）认为 FTPL 理论存在矛盾，其所做的假定政府名义债务的收益率和市场出清时的利率不相同，和均衡的标准思想不一致。因此他对 FTPL 模型进行了修正，其修正后的模型使用的是名义流量而非名义存量，不过他所得到的结论与 Sargent 和 Wallace 得到的结论一致。

Carlstrom Fuerst（1999，2000）将 FTPL 理论划分为温和与激进两种形式。温和的 FTPL 论并不与传统的货币数量论相矛盾。财政和货币当局通过政府预算约束相联系，究竟是货币当局还是财政当局决定价格水平取决于谁更主动。温和的 FTPL 论认为财政当局能够决定未来的价格水平和通货膨胀。Leeper (2003)、Gordon 和 Leeper (2002) 分别利用资产定价模型和投资组合理论进行分析，得出结论：通货膨胀是由财政政策和货币政策共同决定的。而激进的 FTPL 论则认为即使央行能够保持足够的独立性，仅靠财政政策就能够独立地决定价格水平，价格水平仅是财政政策的函数，通货膨胀独立于货币政策的变化。为了强调财政因素的重要性，激进的 FTPL 论模型都有意识地弱化甚至取消货币在模型中的地位，Cochrane (2000) 构造了一个没有货币需求的 CIA (Cash-In-Advance) 模型来分析财政政策对价格水平的决定作用。

除了 FTPL 理论框架之外，国外还有一些学者从其他的角度来研究财政政策和通货膨胀之间的关系。传统的凯恩斯主义认为赤字导致总需求增加，当快于总供给时会提高价格水平。Turnovsky (1979) 在凯恩斯理论和菲利普斯曲线的基础上，建立了针对采用灵活汇率的小国家在面临世界性的通货膨胀时的动态模型，来分析在这样的经济体中财政政策和货币政策的效应，他的分析表明扩张性的财政政策会带来通货膨胀。Nowotny (1980) 在宏观经济框架内研究税收和通货膨胀之间的关系，他认为税收提高了价格和工资，由此推动了通货膨胀。Drazen 和 Helpman (1989) 研究了财政赤字和通货膨胀之间的关系，发现财政政策改变的时间的不确定性会模糊财政赤字与通货膨胀之间的关系，使本来应为通货膨胀负责的财政赤字看上去与通货膨胀无关。Wijnbergen (1991) 通过把恢复货币政策可持续性的制度开关内生化，来研究财政赤字、汇率和通货膨胀之间的关系，他的研究表明财政不平衡通过国际收支危机和利率的改变为机制，引起了更高的通货膨胀。Wray (1997) 提出成本效应论，认为赤字影响总供给。公共支出增加导致的赤字将增加对稀缺资源的需求，提高要素成本进而引发通货膨胀。

宏观经济理论指出财政赤字会带来通货膨胀，FTPL 理论和其他学者的研究也表明财政政策影响着价格水平的决定和通货膨胀。但是在实证研究中研究较多的是财政赤字和通货膨胀之间的关系，且不同的研究者的结果也存在着一定的差异。Miller（1983）的实证研究发现，无论是从静态还是动态的角度分析，赤字和通货膨胀之间都存在弱的联系。Brown 和 Yousefi（1996）的实证研究拒绝了发展中国家的赤字和通货膨胀之间存在因果关系的结论。Hondroyiannis 和 Papapetrou（1997）利用希腊 1957—1993 年的数据研究财政赤字和通货膨胀之间的关系，结果表明财政赤字和通货膨胀没有直接的关系。Catao 和 Terrones（2003）利用 107 个国家 1960—2001 年的面板资料，运用面板分析技术在财政赤字和通货膨胀之间建立非线性关系，分析了财政赤字的短期和长期效应。结果表明在高通货膨胀的发展中国家财政赤字和通货膨胀之间存在很强的正向联系，但在通货膨胀率较低的发达经济体不存在这一关系。Orcutt（2003）利用美国 1965—1980 年的数据分析表明过多的政府支出和连年的联邦赤字导致了较高的通货膨胀。Abbas 和 Sanhita（2005）利用伊朗 1963—1999 年的数据资料，运用多变量协整检验和误差修正模型研究赤字和通货膨胀之间的长期和短期关系，研究的结果表明在伊朗赤字对通货膨胀存在着显著的影响。Neyapti（2003）利用 54 个发达国家和欠发达国家的面板资料进行分析，结果表明当央行不独立，金融市场还不能够承受足够的通货膨胀预期时，财政赤字更容易引发通货膨胀。

许多国内学者对我国通货膨胀和价格水平决定问题进行了广泛的研究。赵留彦和王一鸣（2005）采用协整和误差修正分析技术，考察 1952—2001 年中国的货币存量与价格水平之间的长期关系和动态关系。结果表明流通中货币和价格水平之间存在协整关系，误差修正模型显示通货存量是导致物价变动的一个关键因素。刘霖和靳云汇（2005）利用 VAR 模型研究货币供应、通货膨胀和经济增长之间的关系，结果表明我国的货币供应增长率不一定引起通货膨胀，他将原因归于中国经济的货币化进程。谢平（2004）利用回归分析的结果表明无论是长期还是短期货币供应量的变化都对物价产生影响，货币供应量增加 1%，最终导致物价上涨 1.0065%，从长期看，货币供应量的变化将最终全部体现在物价的变化上。此外刘金全等（2004）、王颖（2005）和王少平（2003）等的研究均认为我国的通货膨胀是一个货币现象。

尽管国内对价格水平的决定和通货膨胀的研究很多，但是在通货膨胀的研究中考虑到财政政策的影响的却比较少。极少数的研究中，龚六堂和邹恒甫（2002）介绍了财政政策和价格水平的理论模型，并未给出实证的分析。许雄奇和张宗益（2004）利用我国改革开放以来的数据，运用扩展的 VAR 模型考察了我国的赤字水平和通货膨胀之间的因果关系，结果表明我国的通货膨胀不仅是一个货币现象，同时也是一个财政现象。胡振飞（2005）对价格水平决定的财政理论进行了比较全面的介绍。伍志文（2002）通过实证分析的结果发现我国货币供应量和物价变动之间呈反向变动，存在着反常关系。他研究了目前国内对这一现象的多种解释，其中一个原因就是 FTPL 理论，但他未作过多研究。孙文基（2001）从理论的角度研究了财政赤字和通货膨胀之间的关系，认为在封闭经济下货币化财政赤字会引发通货膨胀，而赤字债务化不会引起通货膨胀，在开放经济条件下，持续大量的赤字最终将引发通货膨胀。

关于我国财政政策与价格水平的决定和通货膨胀之间的关系

研究，尽管国内部分学者进行了一些研究，但是仍然存在以下不足：①对于他们之间关系的理论分析，国内的研究缺乏深度和广度。②关于财政政策如何影响通货膨胀，根据作者所掌握的文献资料，仅有的一篇实证分析仅仅分析了财政赤字和通货膨胀之间的因果关系，而对于财政政策对通货膨胀影响的方向和力度进行具体分析的文章还没有。本章拟对财政政策如何决定价格水平和影响通货膨胀进行具体的数理模型分析，并在数理模型的基础上构建协整和误差修正模型，从实证的角度分析我国财政政策对通货膨胀的影响及程度。

6.3 有关财政政策与价格水平的决定的理论

Woodford（2001）模型利用代表性家庭模型分析价格水平的决定。在他的模型中，同时考虑了财政政策和货币政策的作用。模型采用了 Sidrauski（1967）和 Brock（1974，1975）的框架。

6.3.1 家庭均衡和市场出清

假定代表性家庭的目标是实现其效用之和的贴现流量最大化：

$$E_0\left\{\sum_{t=0}^{\infty}\beta^t U(c_t + g_t, M_t/P_t)\right\} \tag{6-1}$$

其中 $U(c, m)$ 为效用函数，该函数对于 c 和 m 均是递增的凹函数。贴现因子 β 满足 $0<\beta<1$。c_t 表示私人消费，g_t 表示政府购买。效用函数第二项期末货币存量 M_t 除以价格水平 P_t 表示这些货币的实际购买能力。同时假定政府购买能够完全替代私人消费，这一简化使得我们可以单独的关注财政政策对私人预算约

束的影响，就像转移支付给私人提供资金以消费一样，政府购买对经济可以起到同样的影响。

代表性家庭每期的流量预算约束为：

$$M_t + E_t \left[R_{t,t+1} \left(W_{t+1} - M_t \right) \right] \leqslant W_t + P_t y_t - T_t - P_t c_t \quad (6\text{-}2)$$

该预算约束表明期末的金融财富（货币存量 M_t 加上债券）在价值上不能大于期初金融财富 M_t 与来自 t 期销售产出 y_t 所带来的收入在扣除了税收 T_t 和消费支出后的余额之和。税收假定为一次总付，T_t 为名义税负且扣除了政府的转移支付。$W_{t+1} - M_t$ 为家庭在 t 期末所持有的债券的投资组合在 $t+1$ 期的名义价值，$R_{t,t+1}$ 为任意金融债权定价的随机贴现因子，$E_t \left[R_{t,t+1} \left(W_{t+1} - M_t \right) \right]$ 代表了投资组合在 t 期的市场价值。家庭在金融市场上是价格的接受者，同时随机贴现因子的变化独立于家庭的投资组合决策。

在 t 期购买的一期无风险债权的名义利率 i_t 必须满足：

$$1 + i_t = E_t \left[R_{t,t+1} \right]^{-1} \quad (6\text{-}3)$$

利用（6-3）式，家庭的流量预算约束（6-2）式可以重新表述为：

$$P_t c_t + \frac{i_t}{1+i_t} M_t + E_t \left[R_{t,t+1} W_{t+1} \right] \leqslant W_t + \left[P_t Y_t - T_t \right] \quad (6\text{-}4)$$

家庭持有的投资组合在 $t+1$ 时期必须满足：

$$W_{t+1} \geqslant - \sum_{T=t+1}^{\infty} E_{t+1} \left[R_{t+1,T} \left(P_T y_T - T_T \right) \right] \quad (6\text{-}5)$$

这一式子表明家庭所负有的债务不能超过其未来所有税后收入的现值[1]。流量预算约束（6-4）式和（6-5）式相当于跨期预算约束：

---

❶ 这里贴现因子是把 T 期的收入贴现回 $t+1$ 期。定义为所有贴现因子之积，s 从 $t+1$ 取值到 $T-1$。当 $T = t+1$ 时，该贴现因子为 1。

6. 财政政策的价格效应分析

$$\sum_{T=t}^{\infty} E_t R_{t,T}\left[P_T c_T + \frac{i_T}{1+i_T}M_t\right] \leqslant W_t + \sum_{T=t}^{\infty} E_t R_{t,T}[P_T y_T - T_T]$$

(6-6)

这样我们可以把家庭问题表述为在任意时间 t，在预算约束（6-6）式和金融财产 W_t 给定的条件下，家庭选择消费和货币持有量，以最大化其效用之和的贴现流量。

用 $m_t = M_t/P_t$ 表示真实货币存量，家庭最优化的必要充分一阶条件为：

$$\frac{U_m\ (c_t+g_t,\ m_t)}{U_c\ (c_t+g_t,\ m_t)} = \frac{i_t}{1+i_t}$$

(6-7)

$$\frac{U_c\ (c_t+g_t,\ m_t)}{U_c\ (c_{t+1}+g_{t+1},\ m_{t+1})} = \frac{\beta}{R_{t,t+1}}\frac{P_t}{P_{t+1}}$$

(6-8)

并且这时的跨期预算约束（6-6）式左右两侧等号成立，且无穷求和收敛[1]，即：

$$\sum_{T=t}^{\infty} E_t R_{t,T}\left[P_T c_T + \frac{i_T}{1+i_T}M_t\right] = W_t +$$

$$\sum_{T=t}^{\infty} E_t R_{t,T}[P_T y_T - T_T] < \infty$$

(6-9)

最优化的这一条件还可以被（6-10）和（6-11）两式所替代。即：

$$\sum_{T=t}^{\infty} E_t R_{t,T}\left[P_T c_T + \frac{i_T}{1+i_T}M_t\right] < \infty$$

(6-10)

$$\lim_{T \to \infty} E_t[R_{t,T}W_T] = 0$$

(6-11)

其中（6-10）代表家庭计划消费的现值是有限的，（6-11）式是财富积累的横截性条件。

---

[1] 收敛的条件是必要的，因为左右两侧无极限也就意味着家庭可以消费的更多，在这种情况下，（6-5）式对于借款没有极限约束，蓬齐博弈就是有可能的，也即在每一时点上无约束的消费就是可能的。

理性预期均衡是一组投资组合路径，对于不同的内生变量满足家庭最优化的条件，同时在所有时期和所有可能的状态满足市场出清的条件：

$$c_t + g_t = y_y \tag{6-12}$$

$$M_t = M_t^s \tag{6-13}$$

$$W_{t+1} = W_{t+1}^s \tag{6-14}$$

这里商品总供给 y_t 是外生给定的随机过程，货币供给 M_t^s 和政府开始时期债务的市场价值 M_{t+1}^s 由财政政策和货币政策决定。

将（6-12）和（6-13）式代入（6-7）式，得到均衡条件：

$$\frac{U_m\ (y_t,\ M_t^s/P_t)}{U_c\ (y_t,\ M_t^s/P_t)} = \frac{i_t}{1+i_t} \tag{6-15}$$

在偏好的标准假定条件[1]下，这一式子可以解出一个唯一的真实货币均衡水平：

$$\frac{M_t^s}{P_t} = L\ (y_t,\ i_t) \tag{6-16}$$

这里流动偏好函数 L 对于第一个变量是递增的，对第二个变量是递减的。这样本模型包含的这一均衡条件就表明价格水平在任何时间必须满足使真实货币供给等于真实货币需求。但是在后面我们将看到价格水平并非仅仅由货币供给所决定。

将（6-12）式和（6-13）式代入（6-8）式，解得随机贴现因子：

$$R_{t,t+1} = \beta \frac{U_c\ (y_{t+1},\ M_{t+1}^s/P_{t+1})}{U_c\ (y_t,\ M_t^s/P_t)} \frac{P_t}{P_{t+1}} \tag{6-17}$$

把该式代入（6-3）式得到：

$$1 + i_t = \beta^{-1} \left\{ E_t \left[\frac{U_c(y_{t+1}, M_{t+1}^s/P_{t+1})}{U_c(y_t, M_t^s/P_t)} \frac{P_t}{P_{t+1}} \right] \right\}^{-1} \tag{6-18}$$

---

[1] 除了上面提及的假定，我们还假定消费和流动性服务均是正常品，并假定满足界限条件以保证（6-15）式有内部解。

通常假定效用函数 U 是可分的，因此（6-18）式变为：

$$1+i_t = \beta^{-1}\left\{E_t\left[\frac{u'(y_{t+1})}{u'(y_t)}\frac{P_t}{P_{t+1}}\right]\right\}^{-1} \qquad (6\text{-}19)$$

这里 $u(c_t+g_t)$ 是效用函数中依赖于消费的部分。在这一特定的情形下，预期的通货膨胀率是等式右侧唯一的内生变量。

利用（6-17）式代入随机贴现因子，并把（6-15）式代入，可以把最优化的条件（6-10）和（6-11）式变为：

$$\sum_{T=t}^{\infty}\beta^T E_T[U_c(y_T,m_T)c_T+U_m(y_T,m_T)m_T]<\infty \qquad (6\text{-}20)$$

$$\lim_{T\to\infty}\beta^T E_t\left[U_c(y_T,M_T^s/P_T)W_T^s/P_T\right]=0 \qquad (6\text{-}21)$$

进一步假定在任意时间，政府购买在总的国民产出中所占的份额是有界的，也即 $0\leqslant g_t\leqslant\gamma y_t$，其中 $0<\gamma<1$。因此有：

$$c_T\leqslant y_T\leqslant(1-\gamma)^{-1}c_T$$

因此（6-20）式就等价于：

$$\sum_{T=t}^{\infty}\beta^T E_t F(y_T,M_T^s/P_T)<\infty \qquad (6\text{-}22)$$

其中 $F(y,m)=U_c(y,m)y+U_m(y,m)m$。这样均衡条件（6-21）和（6-22）式就为价格水平渐近脱离与名义货币供给 M_t^s 和 W_t^s 成比例的状况设置了界限。

最优财富积累的横截性条件还可以表述为等式（6-9）。把市场出清条件（6-12）—（6-14）带入到（6-9）可以得到：

$$\sum_{T=t}^{\infty}\beta^{T-t}E_t\frac{U_c(y_T,m_T)}{U_c(y_t,m_t)}\left[(y_T-g_T)+\frac{i_T}{1+i_T}\frac{M_T^s}{P_T}\right]$$

$$=\frac{W_t^s}{P_t}+\sum_{T=t}^{\infty}\beta^{T-t}E_t\frac{U_c(y_T,m_T)}{U_c(y_t,m_t)}\left[y_T-\frac{T_T}{P_T}\right] \qquad (6\text{-}23)$$

由于（6-22）式和政府购买是有界的，等式左侧 y_T-g_T 的现值必定是有界的，在（6-23）式两侧减去该项且进行调整，可以得到如下的均衡条件：

$$\frac{W_t^s}{P_t} = \sum_{T=t}^{\infty} \beta^{T-t} E_t \frac{U_c\ (y_T,\ m_T)}{U_c\ (y_t,\ m_t)} \left[s_T + \frac{i_T}{1+i_T} \frac{M_T^s}{P_T} \right] \qquad (6\text{-}24)$$

其中 $s_t = \dfrac{T_t}{P_t} - g_t$，表示真实的政府基本预算盈余。这一条件表明政府真实的净债务必须等于修正后的预期未来预算盈余的现值（考虑到公众愿意以货币形式持有一部分政府债务而节省利息，进行修正）。这一关系尽管是在理性预期均衡的基础上获得的，但并不是因为我们假定它是政府财政政策的约束，而是利用家庭均衡和市场出清机制获得的。理性预期均衡是满足（6-16）、（6-18）和（6-22），（6-21）或（6-24）的随机过程 $\{P_t,\ i_t,\ M_t^s,\ W_t^s\}$ 的集合。

6.3.2 均衡价格水平的决定

接下来利用公债价格支持制度（Bond Price-Support Regime）考虑均衡价格水平。作为一个简单的例子，假定货币政策盯住一期国债的价格，这就等于指定短期名义利率 i_t 是外生过程。假定在任何时间 $i_t > 0$。假定财政政策由外生的基本盈余过程 $\{s_t\}$ 描述。由于 y_t 是外生的，所以财政政策对应真实政府购买外生过程 $\{g_t\}$，外生的比例税率过程 $\{\tau_t\}$，和总税收 $T = \tau_t P_t y_t$。

为简单起见，假定公债仅有一期国债这一种，因此在任意时期 t 期初，政府总的债务等于：

$$W_t^s = M_{t-1}^s + (1+i_{t-1})\ B_{t-1}^s$$

这里 B_t^s 表示表示在 t 期末国债的供给（以发行时的市场价值来度量）。政府流量预算约束表明国债的发行必须满足：

$$B_t^s = W_t^s - P_t s_t - M_t^s$$

在这样的财政制度下，政府总债务根据下式变化：

6. 财政政策的价格效应分析

$$W_{t+1}^s = (1+i_t)\left[W_t^s - P_t s_t - \frac{i_t}{1+i_t}M_t^s\right] \quad (6\text{-}25)$$

接下来的问题就是在给定外生过程 $\{y_t,\ i_t,\ s_t\}$ 和初始的政府名义债务数量，满足（6-16）、（6-18）、（6-22）、（6-24）和（6-25）的前提下，解决理性预期均衡过程 $\{P_T,\ M_t^s,\ W_t^s\}$。

（6-16）式决定了真实货币均衡，给定外生过程 $\{y_t,\ i_t\}$，将（6-16）带入（6-24），得到：

$$\frac{W_t^s}{P_t} = \sum_{T=t}^{\infty}\beta^{T-t}E_t\frac{\lambda(y_T,i_T)}{\lambda(y_t,i_t)}\left[s_T + \frac{i_T}{1+i_T}L(y_T,i_T)\right] \quad (6\text{-}26)$$

其中 $\lambda(y_T,\ i_T)=U_c(y,\ L(y,\ i))$。注意该式的右边是外生变量的函数。由于财政预期由过程 $\{s_t\}$ 所代表，因此等式的右侧是一个有界的正值。同时 W_t^s 在时期 t 已预先决定，因此如果 $W_t^s>0$，存在唯一的均衡价格 $P_t>0$ 满足（6-26）式。

解得均衡价格 P_t 后，由（6-25）式得到 W_{t+1}^s 的值：

$$W_{t+1}^s = (1+i_t)\left[W_t^s - P_t s_t - \frac{i_t}{1+i_t}P_t L(y_t,i_t)\right] \quad (6\text{-}27)$$

我们可以用同样的推理方法利用（6-26）式解得 $t+1$ 期的价格 P_{t+1}。依此类推解得各个时期的价格。

由（6-26）式可以看出，价格水平取决于代表财政政策的基本盈余 s_t。基本盈余减少，带来（6-26）式右侧数值减少，由于 W_t^s 是预先决定的，因此均衡价格水平上升。这样财政冲击带来通货膨胀率的变化。财政冲击（政府购买或赤字）如果带来基本盈余减少，将引起价格水平的上升。而财政冲击（税收）如果带来基本盈余的增加，价格水平将会下降。货币数量等式（6-16）在任何时刻都必须满足，价格水平的决定主要由（6-26）式决定，（6-16）式则表明在价格水平上升时，货币供给必须增加多少。

从本部分理论模型的分析可以看出，价格水平同时由财政政策和货币政策来决定。根据国内外学者的理论和实证研究，还存在其他的因素，如经济增长、汇率和利息率等对通货膨胀有影响。但是在本章的研究中，考虑到货币数量论和价格水平决定的财政理论的独立和完整性，同时也考虑到我国的数据时期较短，本文将仅从价格水平决定的财政理论的角度出发，研究财政政策和货币政策对价格水平和通货膨胀的影响，而暂不考虑其他的影响因素。也即本章将考虑模型：

$$P = f\ (F,\ M)$$

其中 F 代表财政政策变量，M 代表货币政策变量。

6.4 我国财政政策与通货膨胀关系的实证分析

6.4.1 指标选择与数据来源

在进行计量分析之前，有必要对财政政策变量、货币变量和通货膨胀指标的选择进行一下说明。货币变量拟采用 M2，这不仅是因为我国的货币概览负债中，M2 占总负债的 90％ 以上，而且与经济变量的相关性也优于 M0 和 M1。从 FTPL 理论研究中，财政政策变量包含了财政赤字、税收和政府支出三个变量，然而从国内外的实证研究来看，在分析财政政策与通货膨胀之间的关系时，几乎一致地只采用了财政赤字。由于 Orcutt（2003）的实证研究中采用了政府支出和财政赤字两个变量进行分析，所以本章尝试着利用财政支出和财政赤字两个变量来分析我国财政政策和通货膨胀之间的关系。通货膨胀率比较常用的测度方法是利用物价指数，考虑到我国从 1985 年才开始编制居民消费价格指数，本章利用 1979 年开始的商品零售价格指数计算通货膨胀率。

Deficit 表示赤字占 GDP 的比重，Govexp 表示财政支出占 GDP 的比重。M2inc 表示货币供给量 M2 的增长率。Inflation 表示以零售价格指数计算的通货膨胀率。数据区间为 1979—2003。1978—1985 年的 M2 的数值来自汪红驹（2003）《中国货币政策有效性研究》第 135 页，其余年份的数据来自《中国金融统计》。其余指标数据均由历年《统计年鉴》计算得到。

6.4.2 数据的平稳性检验

利用 ADF 检验来检验数据的平稳性。检验的思路和前述各章平稳性检验的思路一致。具体检验结果见下表。

表 6-1 经济变量时间序列的单位根检验结果

变量名	检验类型 (c, t, p)	ADF 值	1%临界值	5%临界值	DW
Inflation	$(c, 0, 1)$	-2.9237	-3.7343	-2.9907	1.82
M2inc	$(c, 0, 0)$	-2.9439	-3.7343	-2.9907	2.18
Deficit	$(c, t, 2)$	-2.4762	-4.4167	-3.6219	1.93
Govexp	$(c, t, 1)$	-0.5434	-4.3942	-3.6118	1.69
D (Inflation)	$(0, 0, 1)$	-4.6923	-2.6700	-1.9566	1.98
D (M2inc)	$(0, 0, 0)$	-7.5400	-2.6700	-1.9566	2.04
D (Deficit)	$(0, 0, 3)$	-1.9611	-2.6819	-1.9583	1.94
D (Govexp)	$(0, 0, 0)$	-2.3223	-2.6649	-1.9559	1.82

注：①检验类型 (c, t, p)，其中 c 表示常数项，t 表示趋势项，p 表示滞后阶数。②D 表示一阶差分。

由表 6-1 的单位根检验结果可以看出，各个变量在 5%的显著性水平下均是非平稳的时间序列，而它们的一阶差分序列在 5%的显著性水平下均是平稳序列。因此，通过检验可判断各个变量均为一阶单整 I（1）。

6.4.3　协整关系检验

虽然时间序列 Inflation、M2inc、Deficit 和 Govexp 是非平稳的一阶单整序列，但可能存在某种平稳的线性组合，这个线性组合反映了变量之间的长期稳定的均衡关系，即协整关系。本章使用 Johansen 多变量系统极大似然估计方法对变量时间序列进行协整检验。

Johansen 协整检验是一种基于向量自回归模型的检验方法，在进行协整检验之前，必须首先确定 VAR 模型的结构。表 6-2 给出了五种选择标准下的最优滞后阶数，根据各项标准，选择最大滞后阶数为 2。同时使用 LM 统计量检验残差项有无自相关，White 检验和 ARCH 统计量检验异方差性，JB（Jarque-Bera）检验检验残差的正态性，VAR 模型平稳性检验来检验其平稳性，结果表明，VAR（2）模型的回归残差序列在 5% 的显著性水平下，各方程残差序列均满足正态性，不存在自相关和异方差性，VAR（2）满足平稳性条件，进一步验证了 VAR（2）模型为最优模型。

表 6-2　VAR 模型滞后阶数选择标准

滞后阶数	LR	FPE	AIC	SC	HQ
0	——	22487.8500	21.3720	21.5704	21.4187
1	109.6524	157.1497	16.3764	17.3683*	16.6101
2	27.6640*	95.0934*	15.7029	17.4883	16.1235*
3	13.1166	156.6166	15.7001*	18.2789	16.3076

注：①* 表示根据对应的准则选择的滞后阶数。②LR 为似然比统计量值，FPE 为最终预测误差，HQ 为 Hannan-Quinn 信息值。③本表来自 Eviews4.0 计算结果。

协整检验模型实际上是对无约束 VAR 模型进行协整约束以后得到的 VAR 模型，该 VAR 模型的滞后期是无约束 VAR 模

6. 财政政策的价格效应分析

型一阶差分变量的滞后期，由于 VAR 模型的最优滞后期为 2，因此协整检验的 VAR 模型滞后期为 1。通过模型选择的联合检验，确定序列有线性趋势且协整方程有截距项的模型为最适合的协整检验模型。协整检验是从检验不存在协整关系开始的一系列检验，具体检验过程见表 6-3，检验结果表明在 1% 的显著性水平下，变量之间存在 2 个协整关系。

表 6-3　Johansen 协整检验结果

假设协整方程个数	特征值	迹统计量	5% 临界值	1% 临界值
无 * *	0.798595	74.03949	47.21	54.46
最多 1 * *	0.672856	37.18341	29.68	35.65
最多 2	0.320067	11.48423	15.41	20.04
最多 3	0.107343	2.611716	3.76	6.65

注：* （* *）表示在 5%（1%）的显著性水平上拒绝原假设。

续表

假设协整方程个数	特征值	最大特征值迹统计量	5% 临界值	1% 临界值
无 * *	0.798595	36.85607	27.07	32.24
最多 1 * *	0.672856	25.69919	20.97	25.52
最多 2	0.320067	8.872513	14.07	18.63
最多 3	0.107343	2.611716	3.76	6.65

注：* （* *）表示在 5%（1%）的显著性水平上拒绝原假设。

综合上面的分析结果，在显著性水平 1% 下，选定该系统存在 1 个协整方程，估计出的协整方程结果为（括号内的数字为标准误差）：

$$Inflation = 1.64M2inc + 12.44Deficit + 1.00Govexp - 63.36$$
$$(0.2883) \quad (1.9410) \quad (0.3371)$$

协整检验的结果表明时间序列 Inflation、M2inc、Deficit 和 Govexp 在 1% 的显著性水平上存在着两个协整关系。表明通货膨胀率和货币供应增长率、财政赤字和财政支出存在着稳定的长期均衡关系。协整回归的结果表明，从长期来看，货币供给量增长 1％将会带来通货膨胀率提高 1.64 个百分点。财政赤字增长 1％，将会带来通货膨胀率提高 12.44 个百分点。政府支出提高 1 个百分点，将会带来通货膨胀率提高 1 个百分点。货币供给量与通货膨胀的分析符合货币数量论价格水平的决定。财政赤字和财政支出会带来基本盈余的减少，所以财政赤字和财政支出与通货膨胀之间的关系符合价格水平决定的财政理论。所以从长期来看，我国的通货膨胀既受货币政策的影响，也受到财政政策的影响。

6.4.4 误差修正模型

根据 Granger 表达定理，协整系统有三种等价的表达形式：向量自回归 VAR、移动平均 MA 和误差修正模型 ECM，其中 ECM 最能直接描述短期波动与长期均衡的综合，应用最为普遍。向量误差修正模型（VECM）是一个有约束的 VAR 模型，并在解释变量中含有协整约束，因此它适用于已知有协整关系的非平稳序列。当有一个大范围的短期动态波动时，VEC 表达式会限制内生变量的长期行为收敛于它们的协整关系。因为一系列的部分短期调整可以修正长期均衡的偏离，所以协整项被称为是误差修正项。误差修正模型是短期动态模型。

通货膨胀率、货币供应增长率、财政赤字和财政支出协整关系的存在，意味着存在以下的误差修正模型：

$$D(\text{Inflation}) = C + \lambda EC_{t-1} + \sum_{i=1}^{n} D(\text{Inflation})_{t-i} + \sum_{i=0}^{n} D(\text{M2inc})_{t-i}$$
$$+ \sum_{i=0}^{n} D(\text{Deficit})_{t-i} + \sum_{i=0}^{n} D(\text{Govexp}) + \varepsilon_t$$

首先取最大滞后阶数为 3，使残差满足白噪声的要求，然后逐步去掉不显著和可以忽略的变量，得到如下的最终模型：

D (Inflation) $=-0.44-0.30EC+0.33D$ (Inflation (-1)) $-0.28D$ (Inflation (-2)) $+4.76D$ (deficit)

(-3.9384)　　(2.1164)　　(-1.7667)　　(2.9000)——t 值

(0.0010)　　(0.0485)　　(0.0942)　　(0.0095)——p 值

$EC_t=$ Inflation$_t-1.64M2inc_t-12.44$Deficit$_t-1.00$Govexp$_t$

模型的各种诊断统计量为：

$R^2=0.58$, Adj $R^2=0.49$, $F=6.26$, DW$=1.66$, LM (1) $=1.08$ (0.31),

LM (2) $=0.52$ (0.60), ARCH (1) $=0.23$ (0.63),

ARCH (2) $=0.14$ (0.87),

White $=0.26$ (0.97), JB$=3.75$ (0.15) RESET (1)

　　$=3.03$ (0.10), RESET (2) $=1.66$ (0.22)

模型有令人满意的统计性质。LM (1) 和 LM (2) 是 1 阶和 2 阶拉格朗日乘数检验，ARCH (1) 与 ARCH (2) 是 1 阶与 2 阶自回归条件异方差检验，White 是异方差性检验，JB 是正态性检验，RESET (1) 与 RESET (2) 是 1 阶与 2 阶模型设定误差的检验。括号内的数值是接受零假设的概率。由 DW 统计量和拉格朗日乘数可知序列不存在 1 阶和高阶的序列相关，结果显示，模型残差服从正态分布，不存在序列自相关与高阶序列自相关，无异方差和自回归条件异方差，模型形式设定正确。

从误差修正模型来看，在短期内，通货膨胀可能会偏离它与财政政策和货币政策的长期均衡，但是误差修正系数-0.30会将这种短期偏离向长期的均衡调整。短期而言，通货膨胀变动受误差修正项、其自身滞后一期和二期变动和财政赤字变动的影响，货币供给量变动和财政支出变动在短期内对通货膨胀变动的影响不显著。

6.5　结论和启示

　　本章在 Woodford 所提出的价格水平决定的财政理论的框架的基础上，运用协整理论和误差修正模型研究我国财政政策和通货膨胀之间的关系，实证分析的结果表明我国通货膨胀、货币供给量增长率、财政赤字和财政支出之间存在着稳定的长期均衡关系，我国的通货膨胀，既有货币政策的原因，也有财政政策方面的原因。从长期来看财政赤字和财政支出的增加，都会带来通货膨胀率的提高，财政赤字增长 1％，将会带来通货膨胀率提高 12.44 个百分点。政府支出提高 1 个百分点，将会带来通货膨胀率提高 1 个百分点。而从短期来看，通货膨胀的变动主要受其自身滞后项和财政赤字变动的影响，而货币供给量和财政支出在短期内对通货膨胀没有显著的影响。

　　本书实证分析的结果表明我国的价格水平是由财政政策和货币政策共同决定的，所以稳定价格，防止通货膨胀和紧缩，需要财政当局和货币当局两个方面的共同的努力和协调，只有财政政策和货币政策协调配合，才能稳定价格。在财政政策中，财政赤字是引发通货膨胀的重要的原因，所以适度压缩财政赤字并使其保持合理的规模可以有效地预防通货膨胀。

7. 结　语

本书以财政政策效应的测度研究为主线，在国内外财政政策效应研究的基础上，对我国财政政策效应进行综合的测度研究，从理论角度和实证角度分析了我国财政政策的经济增长效应、就业效应和价格决定效应。

7.1　本书主要结论

7.1.1　财政政策增长效应主要结论

1. 对我国 1985—2003 年的数据资料进行乘数效应分析，结果表明我国的政府支出乘数在 1.2 左右，转移支付乘数在 0.6 左右，税收乘数在 −0.6 左右。政府支出是最主要的财政政策工具。在实行紧缩财政政策期间，财政政策总效应和总贡献率为负，在其他年份财政政策都有效地拉动了当年的经济增长，其中最小的是在 1986 年拉动经济增长 0.711%，最大的是在 1991 年对国民经济拉动 2.378%。我国从 1998 年至 2003 年实施了 6 年的积极财政政策，从财政政策总效应和总贡献率来看，效果是显著的，1998 年，财政政策对当年 GDP 的贡献率为 1.88%，连续三年贡献率都在 1% 以上。同时积极的财政政策效果存在逐期递减的趋势。

2. 协整分析和脉冲响应分析的结果表明我国的产出、公共投资和私人投资之间存在着唯一的长期稳定的均衡关系，公共投资对于产出进而对于经济增长具有正的效应，公共投资每增加1％，产出提高 0.0679％。脉冲响应分析的结果进一步表明无论是短期还是长期，公共投资对产出都具有正向的促进作用，公共投资在第 2 年对产出的促进效应达到最大。私人投资对产出的作用大于公共投资对产出的作用。脉冲响应分析的结果同时还表明对我国公共投资对私人投资的效应分析，应从短期和长期两个方面进行考察，在短期内公共投资对私人投资具有挤进效应，从长期看则具有挤出效应，不过挤出效应和挤进效应都比较弱。

3. 协整分析和脉冲响应的最终结果表明我国的公共投资额还未达到最优公共投资额水平。协整回归的结果表明我国的最优公共投资额占 GDP 份额的 9.4％左右。对我国实际的公共投资份额进行分析，发现公共投资额基本呈现下降的趋势，均低于最优公共投资额。

4. 宏观税负与经济增长之间的关系在不同的经济带呈现出不同的关系。东部经济带平均宏观税负较高，对经济增长的抑制作用比较显著，东部地区宏观税负提高 1 个百分点，平均将会使人均 GDP 增长率下降 0.77 个百分点。在中部经济带的 8 个省份中，山西省的税收负担对经济增长有显著的抑制作用，其他省份税收对经济增长无显著的作用。而在 8 个省份中，山西省的平均税负是最高的。西部经济带宏观税负低于东部经济带，比中部经济带的税收负担约高 1 个百分点，其税收对经济增长的作用不显著。三大经济带作为一个整体来分析，税收负担越高，越有可能不利于经济增长。

5. 把我国的税收按对资本征税、对消费征税和对劳动征税进行划分，我国对资本征税较高，而对消费和劳动征税较低。资本税率在 20 世纪 90 年代中期有一定程度的下降，但是自 1996 年资本税率又有所提高，1985—2003 年这 18 年来资本税率平均为 25.9％。我国的劳动税率基本保持逐步提高的趋势，消费税率则呈现出缓慢的下降趋势。税收结构与经济增长关系的实证分析结果表明我国对资本征税显著地降低了人均 GDP 增长率，不利于经济增长。对劳动征税对人均 GDP 增长率没有显著的影响，对消费征税则显著地提高了人均 GDP 增长率，有利于经济的增长。

6. 我国国债是公共投资的原因，不是政府消费和转移支付的结果。国债显著地促进了经济增长，国债发行额每增加 1％，GDP 增加 0.092％。国债促进经济增长的路径在于通过国债融资增加公共投资，而增加非生产性资本则会降低经济增长率。在考虑国债负担率的情况下，我国的国债对经济增长仍然起到显著的推动作用。国债负担率系数的方向为负，数值很小且不显著。表明在我国目前的国债负担水平下，国债的负担水平还未构成太大的国债风险，其对国债的经济增长效应影响不显著。我国在积极财政政策实施的最后年份国债负担率是比较高的，但随着稳健财政政策的实施，这一比率有所下降。不过 2007 年由于特别国债的发行，国债负担率又再度升高至 20％的界限。在国债的发行时，我们不得不考虑如果国债负担率进一步增加导致国债不可持续时，将会对国债的经济增长效应带来负面的影响，从而降低国债对经济增长的拉动效果。

7.1.2　财政政策就业效应主要结论

我国总就业人数与财政预算支出、预算外财政支出、宏观税负、GDP 增长率和 FDI 之间存在着长期的协整关系。我国经济增长对我国就业没有显著的拉动作用，财政预算支出和宏观税负对就业也没有显著的影响。而预算外财政支出对就业有显著的影响，预算外支出增加 1%，就业提高 0.11 个百分点。外商直接投资对我国就业也呈现出显著的正向影响，外商直接投资提高 1个百分点，就业提高 0.076 个百分点。

对第二产业就业人数而言，就业人数与财政支出、预算外财政支出、宏观税负、GDP 增长率和 FDI 之间存在长期的均衡关系。我国的经济增长率和宏观税负对第二产业就业人数没有显著的影响。预算外财政支出和外商直接投资对第二产业就业人数有显著的正向的影响，预算外财政支出增加 1%，第二产业就业人数增加 0.127%，外商直接投资增加 1%，第二产业就业人数提高 0.12%。财政预算支出对第二产业的就业人数具有显著的负向影响。同时考虑到财政支出预算内和预算外两部分对第二产业就业的影响，财政总支出对第二产业的就业仍是起到了显著的推动作用。

对第三产业就业人数而言，就业人数与财政支出、预算外财政支出、宏观税负、GDP 增长率和 FDI 之间存在长期的均衡关系。我国经济增长率对第三产业的就业仍然没有显著的影响。宏观税负对于第三产业具有显著的负向的影响，宏观税负降低 1 个百分点，将促进第三产业就业提高 0.008 个百分点。财政预算内和预算外支出均对第三产业的就业具有显著的正向的影响，预算内支出增加 1 个百分点，提高第三产业就业 0.16 个百分点，预算外支出增加 1 个百分点，提高第三产业就业 0.13 个百分点。外商直接投资对第三产业就业具有显著的正向的影响，外商直接投资提高 1 个百分点，将提高第三产业就业 0.16 个百分点。

比较相同的经济因素对各就业水平的影响系数，财政政策对第三产业就业的推动作用要大于其对第二产业就业的推动作用。

7.1.3　财政政策的价格决定效应主要结论

价格水平决定的财政理论（FTPL）表明价格由政府债券的实际价值与政府财政剩余相等来决定。财政冲击如果带来财政基本盈余的减少，将引起价格水平的上升，财政冲击如果带来基本盈余的增加，价格水平将会下降。实证分析的结果表明我国通货膨胀、货币供给量增长率、财政赤字和财政支出之间存在着稳定的长期均衡关系，我国的通货膨胀，既有货币政策的原因，也有财政政策方面的原因。从长期来看，财政赤字和财政支出的增加，都会带来通货膨胀率的提高。货币供给量增长 1% 将会带来通货膨胀率提高 1.64 个百分点。财政赤字增长 1%，将会带来通货膨胀率提高 12.44 个百分点。政府支出提高 1 个百分点，将会带来通货膨胀率提高 1 个百分点。而从短期来看，通货膨胀的变动主要受其自身滞后项和财政赤字变动的影响，货币供给量和财政支出在短期内对通货膨胀没有显著的影响。

7.2　政策含义

本研究的目的除了对我国财政政策效应进行测度研究之外，还有一个重要的目的就是为决策部门制定政策提供借鉴和参考。基于本研究的最终结果和结论，所得政策含义如下。

7.2.1　支出政策取向

第一，要进一步改善政府支出的支出结构。一方面要着力强化和支持社会基础设施和国民经济的重要产业，要合理安排投资布局，调节区域产业结构，支持结构优化和升级，进一步提高财政支出与经济的关联度，推进经济的内生增长能力，实现经济的可持续发展；另一方面要建立财政支出支持就业的基本框架，加大财政支出对于就业的扶持力度，尤其是对于第三产业就业的扶持力度。要加大调整财政支出结构的力度，逐步增加促进就业和社会保障的支出，以更好地发挥财政支出促进就业的机制。同时进一步规范预算外财政支出，以进一步发挥预算外财政支出促进就业的力度。

第二，增加公共投资的资本存量，同时着力优化投资结构。进一步增加公共投资的资本存量，这是保持我国经济高速增长的一个必要条件，同时在短期内也是引导私人投资的重要手段。公共投资要有进有退，有所为，有所不为，要从一般竞争性领域中退出来，为私人资本的进入让出道路。一是要加强公共基础设施建设，缓解"瓶颈"制约。二是对需要加强的农业、就业和社会保障、环境和生态建设、公共卫生、教育科技等经济社会发展的薄弱环节，要加大投入和支持力度。三是要大力支持支柱产业和高新技术产业的发展，加快产业结构的优化和升级。

7.2.2　税收政策取向

从长期来看，我国在税收政策上的操作思路应该是有增有减的结构性税收政策调整。从目前应对此次经济危机来看，税收政策的具体操作思路则主要是结构性的减税政策。

首先，税收是我国财政收入的重要保障，从长期来看，我国应实行的是有增有减的结构性税收政策调整。但从当前来看，在目前这场影响世界经济的全球性金融危机形势下，减税一向被视为应对经济紧缩周期的不二法门，目的是促进企业投资和个人消费，刺激经济增长。面对当前的金融危机，减税的具体计划必须立足于明确的目标——长期有助于建立平衡的财政和健康的经济，短期有利于经济复苏。

其次，从长期来看，在税基的选择上，我国应该尽量选择以消费支出和劳动收入为税基，加强对劳动收入和消费支出的征税，尤其是要加强对于高档消费品和高档娱乐场所消费的征税，加强对高收入者的征税；降低或减免对百姓生活必需品所征的消费税，降低中低收入者的税收负担。

最后，加大税收对第三产业的扶持力度，并进一步完善与促进就业有关的税收优惠政策，尤其是第三产业中促进就业的税收优惠政策，发挥税收调控促进就业的功能。具体来说就是给予下岗再就业人员税收优惠期限的再延长和对吸纳就业作用比较大的劳动密集型产业、中小企业和非公有制企业较多的税收优惠，鼓励其吸纳更多的下岗失业人员。

7.2.3　国债政策取向

国债政策在不同的财政政策背景下有着不同的运用。在增发国债的过程中，国债的政策取向为：

第一，国债的发行要考虑可持续性。在发行国债的过程中，国债负担和国债风险也需要考虑进来，所以适当地缩小发行规模，保持合理的适度的国债负担规模，对于发挥国债的经济增长效应有益。国债是市场经济国家进行宏观调控不可或缺的政策工具，国债政策在我国的国民经济中发挥着重要的作用。在今后的宏观调控过程中，国债是重要的财政政策工具。当国债负担率接近20％的界限时，需要考虑如果国债负担率进一步增加，可能会给国债的经济增长效应带来负面的影响，从而降低国债对经济增长的拉动效果。

第二，调整国债的发行结构，调整和优化国债的投资方向。我国发行的国债多以3～5年为主，缺少短期（如3、6、9个月等）和超长期（10年、20年、30年）国债，这样的发行结构会使国债偿还期过于集中，偿债压力过大。国债资金是否能够促进经济增长取决于国债资金的投向，要按照科学发展观的要求和国债促进经济增长的路径严格控制国债资金的投资的方向。国债资金要从一般竞争领域和营利性项目中退出，同时应着力于公共基础设施、环境保护、公共卫生等领域投资，促进经济协调可持续的发展。

7.2.4　赤字政策取向

财政政策价格决定效应的研究结论表明，我国的通货膨胀既有货币政策的原因，也有财政政策的原因。财政政策中的财政赤字对于价格水平的决定，进而对通货膨胀均有一定程度的影响。在价格水平上涨较快的年份，赤字政策的基本取向应是有条件地适当地降低财政赤字的规模，把赤字规模控制在一个合理的范围内，具体来讲，一是深化支出改革，强化支出管理，着力推进公共支出预算管理的制度创新。提高预算的透明度和准确性，提高财政资金的使用效率。二是进一步改革和完善税制，着力点是强化税收的组织收入和调控经济的职能。

从 2009 年 4 月公布的 CPI 和 PPI 的数据来看，在当前本轮经济危机的影响下，我国的经济已有陷入通货紧缩的征兆。为了应对金融危机，实施积极的财政政策，在各项政策的配套结合下，赤字财政是不可避免的。目前的政策着力点是如何利用赤字财政政策拉动内需，调整经济结构，保持经济的增长。

7.3　本书的主要创新点和需要进一步解决的问题

7.3.1　主要创新点

本书利用计量经济学的相关方法，从经济理论和财政理论的角度，在相关的理论研究的基础上，对我国财政政策的效应进行了较为全面的测度和研究，得出了很多有意义的结论，综观全书，本书的创新之处主要有以下几点：

第一，从经济理论和财政理论的角度，运用经济计量学的研究方法，尤其是新近发展的面板分析技术和动态计量经济学的分析方法，全面地测度和研究我国财政政策的经济增长效应、就业效应和价格水平的决定效应，这样的研究在我国财政领域的研究中尚不多见。在实证研究中，详尽地考察了有关的数理模型，并遵循严格的计量经济学方法，使文章对财政政策效应的测度严谨且可信度比较高。

第二，在对支出政策效应的研究中，不仅考察了公共投资的增长效应，还首次在理论模型的基础上运用协整理论分析了最优公共投资规模，从而比较完整全面地考察了公共投资的增长效应，得出了比较可信和有指导意义的结论。

第三，在考察税收的增长效应时，利用面板数据分析技术，对我国不同经济带利用不同的模型进行实证研究。与把全国作为一个统一的研究对象进行研究的结果相比，实证研究所得更丰富、更富有成果。同时从对资本征税、劳动征税和消费征税的税收结构考察不同税种与经济增长之间的关系，这样的研究在我国财政领域的研究中尚不多见。

第四，在考察国债的经济增长效应时，不仅研究国债与经济增长之间的关系，还考察了国债负担对国债经济增长效应的影响。在目前关于国债的研究中，学者们通常是单独地研究国债的经济增长效应和国债的负担与风险，将二者联系起来全面地考察国债的经济增长效应的研究还不多见。

第五，在考察财政政策的就业效应时，突破了以往学者实证研究财政政策就业效应的局限性，运用协整理论实证地分析就业与财政政策、经济增长和 FDI 之间的关系，并就不同产业的就业与财政政策之间的关系进行具体的分析，使得对财政政策就业效应的考察更为深入和具体。

第六，本研究首次实证地分析了财政政策与通货膨胀之间的长期均衡和短期波动关系。与国内大多数学者的观点不同的是研究的结果表明我国的财政政策，尤其是财政赤字对价格的决定和通货膨胀是有影响的，通货膨胀既是一个货币现象，同时也是一个财政现象。

7.3.2　需要进一步解决的问题

尽管笔者唯恐力有不逮，凡事尽量竭尽全力，精益求精，但是经济现象本身的复杂性和人类对现实世界认知的局限性，使得对财政政策效应的综合全面的测度研究极具复杂性，同时由于我国财税数据的可得性和研究方法的限制，笔者认为未来仍有一些需要进一步研究的地方。

第一，建立我国财政政策效应的综合测评系统和框架，把各个财政政策变量统一地纳入这一综合系统和框架中，输入各个财政政策变量值到这一系统后，以得出评价当年的财政政策综合效应值。笔者目前所阅读的大量的国内外文献中，这样的综合测评系统还没有建立。这一系统的建立需要完备的基础理论和大量的数据资料，是笔者今后对财政政策效应进一步进行测度研究的努力方向。

第二，财政政策风险与财政政策效应的关系研究。本研究对国债负担对国债的经济增长效应进行了考察，然而国债负担所带来的风险仅仅是财政政策风险的一方面，财政政策风险对财政政策的效应会产生怎样的影响？这些影响该如何测度？这一研究非常具有理论意义和实践意义。

第三，财政政策与货币政策的配合研究。研究财政政策的效应的目的是在实践中为更好地进行宏观调控提供指导，而政府调

7. 结　语

节经济生活，通常是财政政策货币政策并用。财政政策和货币政策之间也存在相互的联系和影响，因此研究财政政策和货币政策如何相互协调配合，并度量其协调配合程度，将是未来一项非常有意义的工作。

参考文献

1. 金人庆．财政政策是宏观调控的一个重要工具．来自 www.xinhuanet.com，
   2005-04-08.

2. W·西奈尔．基本经济理论［M］．北京：中国对外经济贸易出版社，
   1984：239.

3. 阿图·埃克斯坦．公共财政学［M］．北京：中国财政经济出版社，
   1983：144.

4. 安体富 石恩祥 木土．刺激经济增长的税收政策选择．税务研究［J］.
   2000（5）：3-5.

5. 陈共．财政学［M］．北京：中国人民大学出版社，2004：390.

6. 陈共．积极财政政策及其财政政策风险［M］．北京：中国人民大学出
   版社，2003.

7. 大卫·N·海曼．公共财政：现代理论在政策中的应用［M］．北京：
   中国财政经济出版社，2001（6）

8. 丛明．我国积极财政政策的回顾与前瞻．经济研究参考［J］.2003
   （34）：2-6.

9. 高萍，高莉．我国国债资金运营效率实证分析．当代经济科学［J］
   .2004（1）：8-13.

10. 龚六堂，邹恒甫．财政政策与价格水平的决定．经济研究［J］.2002
    （2）：10-16.

11. 龚六堂，邹恒甫．政府花费、税收、政府转移支付和内生经济增长．
    中国科学基金［J］.2000（1）：15-18.

12. 国家计委宏观经济研究院宏观经济形势分析课题组．积极财政政策效
    应分析及调整方式研究．宏观经济研究［J］.2001（10）：28-36.

13. 郭庆旺等．财政学［M］．北京：高等教育出版社，2003.

14. 郭庆旺，赵志耘，何乘才．积极财政政策及其与货币政策配合研究
    ［M］．北京：中国人民大学出版社，2004.

15. 郭庆旺，吕冰洋，张德勇．财政支出结构与经济增长．经济理论与经济管理 [J]．2003 (11)：5-12.

16. 郭庆旺，吕冰洋．税收增长对经济增长的负面冲击．经济理论与经济管理 [J]．2004 (8)：18-23.

17. 郭庆旺，赵志耘．论我国财政赤字的拉动效应．财贸经济 [J]．1999 (6)：31-35.

18. 郭庆旺，赵志耘．中国财政赤字的规模与作用．经济理论与经济管理 [J]．2002 (2)：35-41.

19. 哈维·S·罗森．财政学 [M]．北京：中国人民大学出版社，2000.

20. 荷雷·H·阿尔布里奇．财政学——理论与实践 [M]．北京：经济科学出版社，2005.

21. 黄赜琳．中国经济周期特征与财政政策效应——个基于三部门 RBC 模型的实证分析．经济研究 [J]．2005 (6)：27-39.

22. 贾康．解读稳健财政政策．中国金融家 [J]．2005 (2)：17-18.

23. 井手文雄．日本现代财政学．中国财政经济出版社 [J]．1990 (4)．

24. 李生祥，丛树海．中国财政政策理论乘数和实际乘数效应研究．财经研究 [J]．2004 (1)：5-20.

25. 李永友．我国税收负担对经济增长影响的经验分析．财经研究[J]．2004 (12)：53-65.

26. 林跃勤．积极财政政策回顾与评价．中国金融 [J]．2005 (1)：17-20.

27. 刘溶沧，马拴友．赤字、国债与经济增长关系得实证分析——兼评积极财政政策是否有挤出效应．经济研究 [J]．2001 (2)：13-19.

28. 曲振涛，等．现代公共财政学 [M]．北京：中国财政经济出版社，2004：527-529，544-545.

29. 苏明．财政支出政策研究 [M]．北京：中国财政经济出版社，1999.

30. 孙文基．财政学 [M]．北京：中国财政经济出版社，2004.

31. 汪祥春．积极财政政策的短期效应与长期效应．宏观经济研究[J]．2003 (6)：38-39.

32. 吴俊培．积极财政政策问题研究 [M]．北京：经济科学出版社，2004.

33. 阎坤，王进杰．积极财政政策与经济增长的效应分析．世界经济[J]．2003（4）：52-59.

34. 姚大鹏．对我国财政政策和货币政策效果的一点看法．管理世界[J]．2005（3）：149-150.

35. 袁东．公共债务与经济增长［M］．北京：中国发展出版社，2000.

36. 岳树民，安体富．加入WTO后的中国税收负担与经济增长．中国人民大学学报［J］．2003（2）：50-57.

37. 张德勇．中国财政政策10年回顾——从"适度从紧"财政政策到积极财政政策．经济研究参考［J］．2004（2）：1-18.

38. 中国社会科学院数量经济与技术经济研究所PRCGEM课题组．中国税制改革效应的一般均衡分析．数量经济技术经济研究［J］．2002（9）：33-45.

39. 中国失业问题与财政政策研究课题组．中国失业问题与财政政策研究．经济研究参考［J］．2005（22）：2-17.

40. 刘国亮．政府公共投资与经济增长．改革［J］．2002（4）：80-85.

41. 刘金全，方雯．我国积极财政政策"紧缩效应"的形成机制及其检验．财经问题研究［J］．2004（7）：41-46.

42. 刘金全，张文刚，刘兆波．货币供给增长率与通货膨胀率之间的短期波动影响和长期均衡关系分析．中国软科学［J］．2004（7）：39-44.

43. 娄洪．长期经济增长中的公共投资政策．经济研究［J］．2004（3）：10-19.

44. 马拴友．中国经济增长的财政政策分析．中国社科院研究生院博士论文［M］．2001.

45. 马拴友．财政政策与经济增长的实证分析．山西财经大学学报[J]．2001（4）：76-79.

46. 马拴友．税收政策与经济增长［M］．中国城市出版社，2001：218-225.

47. 马拴友．税收结构与经济增长的实证分析——兼论我国的最优直接税/

间接税结构．经济理论与经济管理 [J]．2001 (7)：15-20．

48. 马拴友．税收结构与经济增长．税务与经济 [J]．2002 (1)：4-6．

49. 马拴友，于红霞．地方税与区域经济增长的实证分析——论西部大开
发的税收政策取向．管理世界 [J]．2003 (5)：36-59．

50. 马拴友．积极财政政策的效应评价．经济评论 [J]．2001 (6)：33-37．

51. 孟耀．我国政府投资于民间投资的发展演变．财经问题研究 [J]．2004
(2)：28-31．

52. 孙群力．公共投资、政府消费与经济增长的协整分析．中南财经政法
大学学报 [J]．2005 (3)：76-81．

53. 孙旭，罗季．我国政府投资对民间投资的影响．预测 [J]．2004 (1)：
7-10．

54. 王翔，刘晓东，曹远峰．在公共财政体系框架下实施积极财政政策．
数量经济技术经济研究 [J]．2003 (6)：34-36．

55. 王小利．我国政府公共支出对 GDP 长期增长效应的动态分析——基于
VAR 模型的实证研究．统计研究 [J]．2005 (5)：26-31．

56. 于长革．经济增长于政府公共投资分析．经济科学 [J]．2004 (6)：
103-111．

57. 于长革．财政支出对经济增长的效应分析．生产力研究 [J]．2004
(11)：15-16．

58. 张海星．公共投资与经济增长的相关分析．财贸经济 [J]．2004 (11)：
43-49．

59. 戴子筠．税收规模与经济增长关系实证分析及政策研究．财政研究
[J]．2003 (3)：50-52．

60. 李绍荣，耿莹．中国的税收结构、经济增长与收入分配．经济研究
[J]．2005 (5)：118-125．

61. 李晓芳，高铁梅，梁云芳．税收和政府支出政策对产出动态冲击效应
的计量分析．财贸经济 [J]．2005 (2)：32-39．

62. 梁俊娇．税收收入、GDP 及我国宏观税负分析．中央财经大学学报
[J]．2001 (1)：19-23．

63. 王诚尧. 税收在反经济周期调节和促进经济增长中的作用. 税务研究 [J]. 2000 (1)：11-15.

64. 殷红, 何穗. 内生经济增长模型中的最优税收. 华中师范大学学报 (自然科学版)[J]. 2001 (12)：381-385.

65. 张伦俊. 结构调整中的税收与经济增长关系. 统计研究 [J]. 2005 (1)：20-24.

66. 阿尔弗雷德·格雷纳. 财政政策与经济增长 [M]. 北京：经济科学出版社, 134-163.

67. 陈景耀. 政府债务对国民经济的作用与影响. 经济科学 [J]. 1999 (1)：24-33.

68. 黄顺军. 国债拉动经济增长之运行分析. 中央财经大学学报 [J]. 1999 (9)：22-24.

69. 柳建光, 杨晶. 国债拉动投资的效果分析. 当代财经 [J]. 2005 (5)：103-106.

70. 史永东. 中国转轨时期财政政策效应的实证分析. 经济研究 [J]. 1999 (2)：34-38.

71. 斯文. 关于当前我国财政赤字问题的研究. 改革 [J]. 2004 (1)：46-53.

72. 夏少刚. 财政赤字与经济增长的定量研究. 财经问题研究 [J]. 2004 (1)：3-8.

73. 尹超. 国债发行的经济效应初探. 当代财经 [J]. 2000 (6)：35-38.

74. 张海星. 我国国债挤出效应分析. 财政研究 [J]. 2001 (2)：40-44.

75. 张焕明. 财政赤字对 GDP 的冲击效应分析. 预测 [J]. 2003 (2)：11-14.

76. 张江波. 中国财政赤字支出的经济增长影响实证分析——基于积极财政政策启动前后的比较. 云南财贸学院学报 [J]. 2004 (4)：13-17.

77. 赵志耘, 吕冰洋. 财政赤字的排挤效应：实证分析. 财贸经济[J]. 2005 (7)：8-15.

78. 郑萍, 康锋莉. 国债融资的经济效应分析. 甘肃社会科学 [J]. 2005 (2)：183-186.

79. 蔡昉，都阳，高文书．就业弹性、自然失业和宏观经济政策——为什么经济增长没有带来显性就业？．经济研究［J］．2004（9）：18-25.

80. 菲利普·阿吉翁，彼得·霍伊特．内生增长理论．北京大学出版社［J］．2004：111-135.

81. 龚玉泉，袁志刚．中国经济增长与就业增长的非一致性及其形成机理．经济学动态［J］．2002（10）：35-39.

82. 顾建平．中国的失业与就业变动研究．［M］．北京：中国农业出版社，2003：200-214.

83. 顾晓惠．财政政策与就业问题研究．北京商学院学报［J］．1999（5）：58-61.

84. 胡金波，郑垂勇．影响我国现阶段就业问题的宏观经济因素分析．《河海大学学报（哲学社会科学版）》［J］．2003（1）：14-16.

85. 李从容，段兴民．实施就业导向的经济增长——陕西省就业问题的实证研究．预测［J］．2005（3）：44-48.

86. 李红松．我国经济增长与就业弹性问题研究．财经研究［J］．2003（4）：23-27.

87. 李俊锋，王代敬，宋小军．经济增长与就业增长的关系研究——两者相关性的重新判定．中国软科学［J］．2005（1）：64-70.

88. 李欣欣．我国城镇失业人员的现状、原因、趋势、影响及对策．载于《经济研究参考》［J］．2003（4）.

89. 卢亮．1998—2002年我国积极财政政策就业效应的实证分析．西北人口［J］．2005（1）：2-5.

90. 苗迎春，史灵敏．现阶段再就业中的财政作用．宏观经济管理［J］．2004（2）：37-38.

91. 田素华．外资对上海就业效应的实证分析．财经研究［J］．2004（3）：122-132.

92. 王剑．外国直接投资对中国就业效应的测算．统计研究［J］．2005（3）：29-32.

93. 夏杰长．反失业的财政政策．［M］．北京：中国财政经济出版社，2000.

94. 尹音频，张昆明．财政政策结构的就业效应分析与思考．西南民族大学学报·人文社科版［J］.2004（2）：201-204.

95. 于爱晶，周凌瑶．我国政府投资与经济增长、居民收入和就业的关系．中央财经大学学报［J］.2004（9）：22-27.

96. 袁志刚．中国就业报告（1978—2000）［M］.北京：经济科学出版社，2002：201-214.

97. 邹巍，等．中国经济对奥肯定律的偏离与失业问题研究．世界经济［J］.2003（6）：40-47.

98. 胡振飞．财政与一般价格水平的决定——价格决定的财政理论综述．经济评论［J］.2005（3）：88-96.

99. 刘霖，靳云汇．货币供应、通货膨胀与中国经济增长——基于协整的实证分析．统计研究［J］.2005（3）：14-19.

100. 孙文基．开放经济下财政赤字和通货膨胀关系的理论分析．财政研究［J］.2001（5）：46-48.

101. 王少平．宏观计量的若干前沿理论与应用．［M］.北京：南开大学出版社，2003.

102. 王颖．我国通货膨胀与通货紧缩影响因素的计量分析．哈尔滨理工大学学报［J］.2005（6）.95-100.

103. 伍志文．货币供应量与物价反常规关系：理论及基于中国的经验分析——传统货币数量论面临的挑战及其修正．管理世界［J］.2002（12）：15-25.

104. 谢平．中国货币政策分析：1998—2002.金融研究［J］.2004（8）：1-20.

105. 许雄奇，张宗益．财政赤字、金融深化与通货膨胀——理论分析和中国经验的实证检验（1978—2002）.《管理世界》［J］.2004（9）：24-31.

106. 赵留彦，王一鸣．货币存量与价格水平：中国的经验证据．经济科学［J］.2005（2）：26-38.

107. Abbas Alavirad and Sanhita Athawale. The Impact of the Budget Deficit on Inflation in the Islamic Republic of Iran [J] . OPEC Review: Energy Economics & Related Issues, 2005 (29): 37-49.

108. Abell, John D. Twin Deficits During the 1980s: An Empirical Investigation [J] . Journal of Macroeconomics, 1990 (12): 81-96.

109. Aghion Philippe, Howitt Peter. Growth and Unemployment [J] . Review of Economic Studies, 1994 (61): 477-494.

110. Andersen, T. and O. Risager. Wage Formation in Denmark [M] //. L. Calmfors. In Wage Formation and Macroeconomic Policy in the Nordic Countries. Oxford University Press, 1990: 137-181.

111. Arestis P. and Karakitsos E. The Impact of Fiscal Policy in the UK: Evidence from Two Macroeconomic Models [J] . Applied Economics, 1984 (16): 729-747.

112. Aschauer D A. Is Public Expenditure Procuctive? [J] . Journal of Monetary Economics, 1989 (23): 177-200.

113. Aschauer. David. Do States Optimize? Public Capital and Economic Growth, the Annals of Regional Science, 2000 (34): 343-363.

114. Auernheimer L and Contreras B. Control of the Interest Rate with a Government Budget Constraint: Price Level Determinacy and Other Results [M] . Mimeo: Texas A&M University, 1990.

115. Bairam Erkin. Government Expenditure, Money Supply and Unemployment in the USA: an Analysis of the Pre-war and Post-war Functional Forms [J] . Applied Economics, 1991 (23): 1483-1486.

116. Barro, Robert J. Are Government Bonds Net Wealth? [J] . Journal of Political Economy, 1974 (6): 1095-1117.

117. Barro, Robert J. Government Spending, Interest Rates, Prices, and Budget Deficits in the United Kingdom [J] . Journal of Monetary Economics, 1987 (20): 221-247.

118. Barro, Robert. Government Spending in a Simple Model of Endogenous

Growth [J] . Journal of Political Economy, 1990 (98): 103-125.

119. Barro, Robert. Economic Growth in a Cross Section of Countries [J] . Quarterly Journal of Economics, 1991 (106): 407-444.

120. Begg D K H and Haque B. A Nominal Interest Rate Rule and Price Level Indeterminacy Reconsidered [J] . Greek Economic Review, 1984 (1): 381-396.

121. Bibbee Alexandra, Leibfritz Willi and Thornton John. Taxation and Economic Performance [J] . OECD Economics Department Working Papers, 1997 (176) .

122. Blanchard Olivier and Perotti Roberto. An Empirical Characterization of the Dynamic Effects of Changes in Government Spending and Taxes on Output [J] . NBER Working Papers, 1999 (7269) .

123. Bleaney Michael, Gemmell Norman and Kneller Richard. Testing the Endogenous Growth Model: Public Expenditure, Taxation, and Growth over the Long Run [J] . Canadian Journal of Economics, 2001 (34): 36-57.

124. Brock William A. Money and Growth: The Case of Long-run Perfect Foresight [J] . International Economic Review, 1974 (15): 750-77.

125. Brock William A. A Simple Perfect Foresight Monetary Rule [J] . Journal of Monetary Economics, 1975 (1): 133-150.

126. Brown K. H. and Yousefi M. Deficits, Inflation and Central Bank's Independence: Evidence from Developing Nations [J] . Applied Economics Letters, 1996 (3): 505-509.

127. Browne, F. and D. McGettigan. Another Look at the Causes of Irish Unemployment [J] . Technical Paper, Central Bank of Ireland, 1993.

128. Calmfors, L. and R. Nymoen.. Real Wage Adjustment and Employment Policies in the Nordic Countries [J] . Economic Policy, 1990 (11): 397-448.

129. Carlstrom, Charles T and Fuerst, Timothy S. Money Growth and Infla-

tion: Does Fiscal Policy Matter? [J] . Economic Commentary (Federal Reserve Bank of Cleveland), 1999-04-15.

130. Carlstrom, Charles T and Fuerst, Timothy S. The Fiscal Theory of the Price Level [J] . Economic Review (Federal Reserve Bank of Cleveland), 2000 (36): 22-32.

131. Catao Luis and Terrones Macro E. Fiscal Deficits and Inflation [N] . IMF working paper, 2003-04-03

132. Capolupo, R. Endogenous Growth with Public Provision of Education [N] . Working Paper University of York 1996 (38) .

133. Capolupo, R. Output Taxation, Human Capital and Growth [J] . The Manchester School, 2000 (68): 166-183.

134. Cebuia. Richard J. An Empirical Analysis of Federal Budget Deficits and Interest Rates Directly Affecting Saving and Loans [J] . Southern Economic Journal, 1993 (60): 28-35.

135. Cebuia, Richard J. An Empirical Note on the Impact of the Federal Budget Deficit on Ex ante Real Long-term Interest Rates [J] . Southern Economic Journal, 1997 (63): 1094-1099.

136. Cochrane J. H. Money as Stock: Price Level Determination with no Money Demand [N] . NBER working paper, 2000 (7498) .

137. Cochrane J. H. Long-term Debt and Optimal Policy in the Fiscal Theory of Price Level [J] . Econometrica, 2001 (69): 69-116.

138. Cuthbertson Keith, Foreman-peck James, Gripaios Peter. Local Authority Fiscal Policy and Urban Employment [J] . Applied Economics, 1979 (11): 377-387.

139. Daveri Francesco and Tabellini Guido. Unemployment, Growth and Taxation in Industrial Countries [N] . IGIER Working Paper, 1997 (122) .

140. David N. Weil. Fiscal policy, The Concise Encyclopedia of Economics, 2004. http: //www. econlib. org/library/Enc/FiscalPolicy. htm # bi-

ography.

141. Darrai. Ali F. Structural Federal Deficits and Interest Rates: Some Causality and Cointegration Tests [J]. Southern Economic Journal, 1990 (56): 752-759.

142. Devarajan, S., Swaroop, V. and Zou, H. The Composition of Public Expenditure and Economic Growth [J]. Journal of Monetary Economics, 1996 (37): 313-344.

143. Demetriades P. O., Mamuneas, T, Intertemporal Output and Employment Effects of Public Infrastructure Capital: Evidence from 12 OECD Economics [J]. Economic Journal, 2000 (110): 687-712.

144. Diego Martinez-Lopez. Fiscal Policy and Growth: The case of Spanish regions [J]. Economic Issues, 2005 (10): 9-25.

145. Dolado, J. J., J. L. Malo de Molina, and A. Zabala. Spanish Industrial Unemployment: Some Explanatory Factors [J]. Economica, 1986 (53): 313-334.

146. Drazen Allan and Helpman Elhanan. Inflationary Consequences of Anticipated Macroeconomic Policies [J]. Review of Economic Studies, 1990 (57): 147-166.

147. Easterly Rebelo and Rebelo Sergio. Fiscal Policy and Economic Growth: an Empirical Investigation [N]. NBER working paper, 1993 (4499).

148. Erenburg S J. The Real Effects of Public Investment on Private Investment [J]. Applied Economics, 1993 (25): 831-837.

149. Eriksson, T. A. Suvanto and P. Vartia. Wage Formation in Finland in Wage Formation and Macroeconomic Policy in the Nordic Countries [M] //. L. Calmfors, Oxford University Press, 1990: 189-235.

150. Evdoridis, George. Public Sector Deficits as the Foundation of Economic Growth [J]. Journal of Post Keynesian Economics, 2000 (4): 529-547.

151. Evans. Paul. Do large Deficits Produce High Interest Rates? [J]. American Economic Review, 1985 (75): 68-87.

152. Evans. Paul. Do Budget Deficits Raise Nominal Interest Rates? [J]. Journal of Monetary Economics, 1987 (20): 281-300.

153. Evans. Paul. Are Government Bonds Net Wealth? [J]. Evidence for the United States, Economic Inquiry, 1988 (26): 551-566.

154. Feldstein, M. Budget Deficits, Tax Rules and Real Interest Rates [N]. NBER Working Paper, 1987 (1970).

155. Feldstein, Main Government Deficits and Aggregate Demand [J]. Journal of Monetary Economics, 1982 (9): 1-20.

156. Friedman Milton. The Role of Monetary Policy [J]. The American Economic Review, 1968 (1): 1-17.

157. Gale William, Orszag Peter R, Budget Deficits, National Saving, and Interest Rates [J]. Brookings Papers on Economic Activity, 2004 (2): 101-211.

158. Ghali khalifa H. Public Investment and Private Capital Formation in a Vector Error-correction Model of Growth [J]. Applied Economics, 1998 (30): 837-844.

159. Gong Gang, Greigner Alfred, Semmler Willi. Growth Effects of Fiscal Policy and Debt Sustainability in the EU [J]. Empirica, 2001 (28): 3-19.

160. Gordon, R. Is There a Trade-off between Unemployment and Productivity Growth? [N]. CEPR Discussion Paper, 1995 (1159).

161. Gordon David B and Leeper E. M. The Price Level, the Quantity Theory of Money, and the Fiscal Theory of the Price Level [N]. NBER working paper, 2002 (9084).

162. Greiner, Alfred, Semmler, Willi, An Endogenous Growth Model with Public Capital and Government Borrowing [J]. Annals of Operations Research, 1999 (88): 65-79.

163. Groenewold Nicolaas. The Short-run Effects of Fiscal Policy with Useful Government Expenditure [J] . Bulletin of Economic Research, 1984 (36): 85-95.

164. Gupta, G. S. ; Laumas, G. S. Some Properties of Fiscal and Monetary Policy Multipliers [J] . Southern Economic Journal, 1983 (4): 1137-1140.

165. Haan Jakob, Sturm Jan Egbert, Is It Real? The Relationship between Real Deficits and Real Growth: New Evidence Using Long-run Data [J] . Applied Economics Letters, 1995 (2): 98-102.

166. Hoelscher, Gregory. New Evidence on Deficits and Interest Rates [J] . Journal of Money, Credit and Banking, 1986 (18): 1-17.

167. Holtz-Eakin Douglas and Schwartz Amy Ellen. Infrastructure in a Structural Model of Economic Growth [N] . NBER working paper, 1994 (4824) .

168. Holtz-Eakin Douglas. Public-Sector Capital and the Productivity Puzzle [J] . the Review of Economics and Statistics, 1994: 12-21.

169. Hondroyiannis G and Papapetrou E. Are Budget Deficits Inflationary? A Cointegration Approach [J] . Applied Economics Letters, 1997 (4): 493-496.

170. Kallianiotis Ioannis N. Public Policy Effectiveness, Risk, and Integration in the Western [J] . The Journal of American Academy of Business, Cambridge, 2005 (3): 170-178.

171. Karras Georgios. Taxes and Growth: Testing the Neoclassical and Endogenous Growth Models [J] . Contemporary Economic Policy, 1999 (17): 177-188.

172. Kneller, Richard, Bleaney, Michael F. and Gemmell, Norman. Fiscal Policy and Growth: Evidence from OECD Countries [J] . Journal of Public Economics, 1999 (2): 171-190.

173. Lau Sau-him Paul, Sin Chor-Yiu, Public Infrastructure and Economic

Growth: Time-series Properties and Evidence [J] . The Economic Record, 1997 (73): 125-135.

174. Loizides John and Vamvoukas George, Government Expenditure and Economic Growth: Evidence from Trivariate Causality Testing [J] . Journal of Applied Economics, 2005 (8): 125-152.

175. Leeper E. M. Equilibria under "Active" and "Passive" Monetary and Fiscal Policies [J] . Journal of Monetary Economics, 1991 (27): 129-147.

176. Leeper E. M and Sims C. A. Towards a Modern Macroeconomic Model Usable for Policy Analysis [J] . NBER Macroeconomics Annual, MIT press, 1994: 81-118.

177. Leeper E. M. Fiscal Policy and Inflation: Pondering the Imponderables [N] . NBER working paper, 2003 (9506) .

178. Loizides John, Vamvoukas George, Government Expenditure and Economic Growth: Evidence from Trivariate Causality Testing [J] . Journal of Applied Economics, 2005 (8): 125-152.

179. Marsden Kenth, Links between Taxes and Economic Growth some Empirical Evidence [N] . World Banking Working paper, 1983 (605) .

180. McMillin W Douglas, David J. Smyth, A Multivariate Time Series Analysis of the United States Aggregate Production Function [J] . Empirical Economics, 1994 (19): 659-673.

181. Mendoza, E. , Milesi-Ferretti, G. M. and Asea, P. , On the Ineffectiveness of Tax Policy in Altering Long-run Growth: Harberger's Super-neutrality Conjecture [J] . Journal of Public Economics, 1997 (66): 99-126.

182. Milesi-Ferretti Gian and Roubini Nouriel. Growth Effects of Income and Consumption Taxes [J] . Journal of Money, Credit and Banking, 1998 (4): 721-745.

183. Miller. Stephen M. , and Frank S. Russek, Jr. The Temporal Causality

between Fiscal Deficits and Interest Rates [J]. Contemporary Policy Issues, 1991 (9): 12-23.

184. Miller P. Higher Deficit Policies Lead to Higher Inflation [J]. Federal Reserve Bank of Minneapolis, 1983 (winter): 8-19.

185. Mittnik Stefan and NeumannThorsten. Dynamic Effects of Public Investment: Vector Autoregressive Evidence from Six Industrialized Countries [J]. Empirical Economics, 2001 (26): 429-446.

186. Myles Gareth D. Taxation and Economic Growth [J]. Fiscal Studies, 2000 (21): 141-168.

187. Neyapti Bilin. Budget Deficits and Inflation: Independence and Financial Market Development [J]. Contemporary Economic Policy, 2003 (21): 458-475.

188. Nickell S. J. and R. Layard. Labor Market Institutions and Economic Performance [M] //. O. Ashenfelter and D. Cards (eds.), Handbook of Labor Economics, 1999 (3).

189. Niepelt Dirk. The Fiscal Myth of the Price Level [J]. the Quarterly Journal of Economics, 2004 (February): 277-300.

190. Nowotny Ewald. Inflation and Taxation: Reviewing the Macroeconomic Issues [J]. Journal of Economic Literature, 1980 (8): 1025-1049.

191. Noghadam, R. Why is Unemployment in France So High? [N]. IMF Working Paper, International Monetary Fund, Washington, D. C, 1994

192. Orcutt Bonnie L. Expenditure and Deficit Policy: An Analysis of the William E. Simon's Rules [J]. Atlantic Economic Journal, 2003 (3): 219-232.

193. Paul Satya, Effects of Public Infrastructure on Cost structure and Productivity in the Private Sector [J]. the Economic Record, 2003 (79): 446-461.

194. Pereira Alfredo and Sagales Oriol Roca. Public capital formation and re-

gional development in Spain [J] . Review of Development Economics, 1999 (3): 281-294.

195. Pereira A, Roca-Sagales O, Public Capital Formation and Regional Development in Spain [J] . Review of Development Economics, 1999 (3): 281-294.

196. Phelps, E. S. Money-wage Dynamics and Labor Market Equilibrium [J] . Journal of Political Economy, 1968 (76): 678-711.

197. Phipps A. J, Sheen J. R. Macroeconomic Policy and Employment Growth in Australia [J] . The Australian Economic Review, 1995: 86-104.

198. Pissarides Christopher A. The Impact of Employment Tax Cuts on Unemployment and Wages: the Role of Unemployment Benefits and Tax Structure [J] . European Economic Review, 998 (42): 155-183.

199. Plosser, C. The search for growth′ [M] //. Policies for Long Run Growth, symposium series, Kansas City: Federal Reserve of Kansas City, 1993.

200. Raurich X, SorollaV, Growth, Unemployment and Public Capital [J] . Spanish Economic Review, 2003 (5): 49-61.

201. Raynold, Prosper. The Impact of Government Deficits When Credit Markets are Imperfect: Evidence from the Interwar Period [J] . Journal of Macroeconomics, 1994 (16): 55-76.

202. Reynolds Alan, Some International Comparison of Supply Side Tax Policy [J] . Cato Journal, 1985 (12): 543-569.

203. Saint-Paul Gilles. Unemployment and Productivity Growth in OECD Countries, DELTA (Ecole normale sup rieure) in its series DELTA Working Papers, 1991 (91-109) .

204. Sargent Thomas J and Neil Wallace. Some Unpleasant Monetarist Arithmetic [J] . Federal Reserve Bank of Minneapolis Quarterly Review, 1981 (5): 1-17.

205. Sheikh M. A, Grady P and Lapointe P. H. The Effectiveness of Fiscal Policy in a Keynesian-Monetarist Model of Canada [J] . Empirical Economics, 1983 (8): 139-168.

206. Sidrauski Miguel. Rational Choice and Patterns of Growth in a Monetary Economy [J] . American Economic Review, 1967 (2): 534-544.

207. Sims C. A. A Simple Model for the Study of the Determination of the Price Level and the Interaction of Monetary and Fiscal Policy [J] . Economic Theory, 1994 (4): 381-399.

208. Skinner Jonathan, Taxation and Output Growth Evidence from African Countries [N] . NBER working paper, 1987 (2235) .

209. Smonetti Bulli and Jobless Growth. An Empirical Analysis of the Effects of Technological Progress on Employment [J] . Summer School of the European Economic Association, Barcelona, 2000.

210. Stokey, Nancy and Sergio Rebelo. Growth Effects of Flat-Rate Taxes [J] . Journal of Political Economy, 1995 (103): 519-550.

211. Tanzi, Vito and Howell H. Zee. Fiscal Policy and Long-Run Growth [J] . International Monetary Fund Staff Papers, 1997-06-02.

212. Theodore Pelagidis, Evangelia Desli. Deficits, Growth, and the Current Slowdown: What Role for Fiscal Policy? [J] . Journal of Post Keynesian Economics, 2004 (3): 461-469.

213. Toda H, Yamamoto T. Statistical Inference in Vector-regressions with Possibly Integrated Processes [J] . Journal of Econometrics, 1995 (66): 225-250.

214. Turnovsky Stephen J. The Transitional Dynamics of Fiscal Policy: Long-run Capital Accumulation and Growth [J] . Journal of Money, Credit, and Banking, 2004 (5): 883-910.

215. Turnovsky. Fiscal Policy, Growth and Macroeconomic Performance in a Small Open Economy [J] . Journal of International Economics, 1996 (40): 41-66.

216. Turnovsky Stephen J. Government Policies and Secular Inflation Under Flexible Exchange Rates [J] . Southern Economic Journal, 1979 (2): 389-412.

217. Turvainen, T. Real wage Resistance and Unemployment: Multivariate Analysis of Cointegrating Relations in 10 OECD Economies. The OECD Jobs Study: Working Paper Series, Paris: OECD. 1994.

218. Uhlig Harald and Yanagawa Noriyuki. Increasing the Capital Income Tax may Lead to Faster Growth [J] . European Economic Review, 1996 (40): 1521-1540.

219. Vamvoukas, George A. A Note on Budget Deficits and Interest Rates: Evidence from a Small Open Economy [J] . Southern Economic Journal, 1997 (63): 803-811.

220. Vincenti Claudio De. Customer Markets, Inflation and Unemployment in a Dynamic Model with a Range of Equilibria [J] . Metroeconomica, 2001 (52): 1-25.

221. Viren Matti. Measuring Effectiveness of Fiscal Policy in OECD Countries [J] . Applied Economics Letters, 2000 (7): 29-34.

222. Wang Zijun. A Note on Deficit, Implicit Debt, and Interest Rates [J] . Southern Economic Journal, 2005 (1): 186-196.

223. Wang ping and Chong K Yip. Taxation and Economic Growth the Case of Taiwan [J] . American Journal of Economics and sociology, 1992 (51): 317-332.

224. Wijnbergen Sweder Van. Fiscal Deficits, Exchange Rate Crises and Inflation [J] . Review of Economic Studies, 1991 (58): 81-92.

225. Woodford Michael. Monetary Policy and Price Level Determinacy in a Cash-in-advance Economy [J] . Economic Theory, 1994 (4): 345-80.

226. Woodford Michael. Price-level Determinacy without Control of a Monetary Aggregate [J] . Carnegie Rochester Conference series on Public Policy, 1995 (43): 1-46.

227. Woodford Michael. Control of the Public Debt: A Requirement for Price Stability? [N]. NBER working paper, 1996 (5684).

228. Woodford Michael. Doing without Money: Controlling Inflation in a Post-monetary World [J]. Review of Economic Dynamics, 1998 (1): 173-219.

229. Woodford Michael. Fiscal Requirements for Price Stability [J]. Journal of Money, Credit, and Banking, 2001 (33): 669-728.

230. Zagler Martin and Durnecker Georg, Fiscal Policy and Economic Growth [J]. Journal of Economic Surveys, 2003 (3): 397-418.

231. Zeng Jinli and Zhang Jie. Long-run Growth Effects of Taxation in a non-scale Growth Model with Innovation, Working Paper, National University of Singapore, Forthcoming in the Economics Letter.

附　表

附表1 1985—2003年财政政策乘数效应分析原始数据

单位：亿元，%

年份	C	I	G	T	TR	X	M	XM	M1	IR	Yd	Y	i
1985	4589	2978.2	1591.8	2511.84	799.96	808.9	1257.8	-448.9	3340.9	9.3	7080.22	8792.1	-3.00
1986	5175	3390.38	1822.62	2446.79	625.82	1082.1	1498.3	-416.2	4232.2	6.5	8311.83	10132.8	0.70
1987	5961.2	3825.36	1986.64	2575.78	731.61	1470	1614.2	-144.2	4948.6	7.3	9940.53	11784.7	-0.10
1988	7633.1	5063.04	2158.96	2803.7	833.49	1766.7	2055.1	-288.4	5985.9	18.8	12733.79	14704	-10.34
1989	8523.5	5728.95	2399.05	3263.78	1041.33	1956	2199.9	-243.9	6382.2	18	14243.55	16466	-9.54
1990	9113.2	6050.97	2645.03	3515.98	1128.14	2985.8	2574.3	411.5	6950.7	3.1	15931.66	18319.5	7.07
1991	10315.9	7136.57	3210.43	3659.72	1108.02	3827.1	3398.7	428.4	8633.3	3.4	18728.7	21280.4	4.70
1992	12459.8	9288.54	3839.76	3928.33	1175.47	4676.3	4443.3	233	11731.5	6.4	23110.84	25863.7	1.07
1993	15682.4	14514.33	4983.37	4760.24	1010.16	5284.8	5986.2	-701.4	16280.4	14.7	30750.62	34500.7	-5.53
1994	20809.8	18731.03	6515.77	5584.32	1140.79	10421.8	9960.1	461.7	20540.7	24.1	42247.17	46690.7	-12.49
1995	26944.5	23255.95	7311.55	6569.97	1592.18	12451.8	11048.1	1403.7	23987.1	17.1	53532.71	58510.5	-5.49
1996	32152.3	26241.32	8477.48	7745.39	2185.63	12576.4	11557.4	1019	28514.8	8.3	62770.64	68330.4	0.87
1997	34854.6	27760.86	9421.54	9019.63	2882.99	15160.7	11806.5	3354.2	34826.3	2.8	68757.56	74894.2	4.33
1998	36921.1	28348.51	10682.19	10209.44	3462.66	15231.6	11626.1	3605.5	38953.7	-0.8	72256.52	79003.3	5.83
1999	39334.4	28849.46	12240.44	11734.11	2959.88	16159.8	13736.5	2423.3	45837.2	-1.4	73898.87	82673.1	4.33
2000	42911.4	30390.35	13814.75	13674.01	3086.3	20635.2	18639	1996.2	53147.2	0.4	78753.2	89340.91	1.85
2001	45923.27	34914.4	15575.67	16686.08	3231.65	22029.1	20164.2	1864.9	59871.6	0.7	85138.47	98592.9	1.55
2002	48534.5	39194.44	16991.06	19163.24	3745.35	26947.9	24430.3	2517.6	70881.8	-0.8	92479.71	107897.6	2.82
2003	52678.5	48694.88	17451.82	21941.63	4219.06	36287.9	34195.6	2092.3	84118.6	1.2	103788.8	121511.4	0.78

附表 2 公共投资分析数据表

单位：亿元、万人、%

年份	GDP	IG	IP	L	IG/GDP
1978	3624.10	415.69	962.21	40152	11.47016
1979	4038.20	440.56	1033.64	41024	10.90981
1980	4517.80	333.09	1256.91	42361	7.372836
1981	4862.4	269.76	1311.24	43725	5.547878
1982	5294.7	279.26	1480.94	45295	5.274331
1983	5934.5	339.71	1665.29	46436	5.724324
1984	7171.0	421.00	2047.60	48197	5.870869
1985	8964.4	407.80	2978.20	49873	4.549105
1986	10202.2	455.62	3390.38	51282	4.4659
1987	11962.5	496.64	3825.36	52783	4.151641
1988	14928.3	431.96	5063.04	54334	2.893565
1989	16909.2	366.05	5728.95	55329	2.164798
1990	18547.9	393.03	6050.97	64749	2.119
1991	21617.8	380.43	7136.57	65491	1.7598
1992	26638.1	347.46	9288.54	66152	1.304372
1993	34634.4	483.67	14514.33	66808	1.396502
1994	46759.4	529.57	18731.03	67455	1.132542
1995	58478.1	621.05	23255.95	68065	1.062022

续表

年份	GDP	IG	IP	L	IG/GDP
1996	67884.6	625.88	26241.32	68950	0.921976
1997	74462.6	696.74	27760.86	69820	0.935691
1998	78345.2	1197.39	28348.51	70637	1.528351
1999	82067.5	1852.14	28849.46	71394	2.256851
2000	89468.1	2109.45	30390.36	72085	2.357768
2001	97314.8	2546.42	34914.38	73025	2.616683
2002	105172.3	3160.96	39143.94	73740	3.005505
2003	117251.9	2687.82	48694.88	74432	2.292347

附表 3　1994—2003 年各地区人均 GDP 增长率

单位：%

地区	2003	2002	2001	2000	1999	1998	1997	1996	1995	1994
北京	13.477	11.510	14.011	6.766	8.470	12.493	9.582	7.266	2.767	5.244
天津	22.031	14.105	13.499	9.846	11.058	11.526	10.691	13.276	13.874	16.133
河北	15.129	10.060	9.415	11.376	9.027	9.440	11.444	13.276	11.635	5.667
山西	20.665	14.188	8.575	10.829	3.699	2.497	10.569	11.578	9.540	-1.447
内蒙古	22.881	14.207	10.102	11.343	8.086	9.618	8.274	10.642	3.471	5.971
辽宁	15.070	7.184	8.189	13.389	11.457	10.510	11.731	6.625	-1.073	0.891
吉林	11.545	11.297	10.236	10.310	10.251	9.308	5.566	11.893	4.819	8.021

续表

地区	1994	1995	1996	1997	1998	1999	2000	2001	2002	2003
黑龙江	10.483	8.035	12.653	9.628	4.407	7.181	14.346	8.918	10.621	14.395
上海	10.450	5.907	11.924	14.131	14.865	11.676	5.097	12.172	9.939	10.868
江苏	8.648	10.454	8.377	11.450	9.235	9.860	11.320	11.632	13.190	17.042
浙江	14.012	15.775	10.563	9.223	8.763	9.632	10.660	13.537	16.193	20.141
安徽	11.740	18.286	7.990	13.758	6.125	6.412	5.758	8.004	8.706	9.112
福建	19.630	10.189	13.601	15.609	10.635	11.364	8.569	9.759	11.133	12.054
江西	6.662	8.368	16.899	12.268	8.219	8.462	5.643	9.408	11.447	14.523
山东	15.417	12.681	10.937	10.092	10.253	9.617	11.627	9.962	12.647	17.064
河南	9.970	16.542	12.114	10.013	9.703	8.350	12.768	9.228	9.589	12.167
湖北	4.380	8.170	15.561	13.510	9.931	8.038	12.918	11.655	4.649	10.230
湖南	5.057	11.545	13.960	12.081	5.809	8.815	11.245	8.633	4.282	10.785
广东	9.223	10.755	14.479	11.006	10.161	8.601	7.788	10.561	10.814	14.720
广西	10.347	9.892	0.146	6.439	7.765	4.749	5.619	10.396	11.388	10.371
海南	3.803	-2.909	3.134	4.572	9.496	9.825	6.375	6.831	10.250	10.739
四川	78.812	8.035	8.726	8.345	9.227	6.066	9.809	9.038	11.330	12.260
贵州	3.335	1.683	4.561	7.918	5.824	9.087	10.604	9.716	8.911	13.460
云南	6.277	3.564	14.468	6.384	8.656	4.029	6.699	6.687	8.516	9.461
西藏	1.663	2.287	6.145	12.238	18.008	15.365	11.259	16.328	15.188	13.710
陕西	-3.010	3.689	7.838	8.040	9.666	9.770	12.771	11.588	15.099	13.071
甘肃	-2.325	2.575	19.651	6.515	12.351	9.197	5.886	8.738	8.735	11.672
青海	0.849	1.326	1.533	5.138	7.898	8.405	10.171	12.977	12.849	12.424
宁夏	5.526	7.966	5.258	4.780	8.981	7.432	10.434	10.558	10.162	15.991

单位：亿元

附表 4 1994—2003 年税收收入

地 区	1994	1995	1996	1997	1998	1999	2000	2001	2002	2003
北京	107.48	145.94	201.32	235.82	270.11	315.1035	372.7864	475	539.8704	588.9553
天津	42.62	54.57	67.39	72.37	79.14	104.872	123.7811	153.802	154.8131	177.5641
河北	89.12	110.54	129.86	149.88	166.99	176.0698	188.3749	219.809	236.1332	255.456
山西	45.72	56.01	65.89	74.71	81.95	92.5219	97.4363	114.6384	124.7826	147.5956
内蒙古	63.16	67.26	89.54	104.45	115.28	71.6021	77.7459	81.1744	88.5794	106.5414
辽宁	128.9	151.5	175.7	191.4	208.2	247.4569	266.4136	319.9523	333.0404	361.3642
吉林	41.85	47.76	57.76	63.2	70.2	83.8659	90.2893	105.9247	111.9751	125.7568
黑龙江	81.08	94.89	110.47	120.05	129.18	146.845	161.6717	181.8339	194.5198	201.4559
上海	179.95	226.72	271.28	303.64	339.34	441.7481	501.4117	611.9705	698.9678	863.6784
江苏	121.05	146.39	184.65	210.56	244.2	314.2605	409.1447	523.8376	565.3035	690.6127
浙江	103.29	136.77	162.11	192.24	220.93	257.259	363.3243	532.303	561.3924	673.47
安徽	52.35	72.9	99.24	120.81	129.6	136.5847	144.5761	164.1648	162.0019	176.774
福建	124.56	151.36	172.17	203.97	226.06	163.7584	192.9085	236.6305	234.0115	251.7678
江西	77.93	88.21	103.88	107.75	118.53	81.228	85.6481	102.1023	104.0551	123.051
山东	126.46	163.51	215.63	264.87	301.9	342.943	392.9022	488.3422	495.0266	558.282
河南	81.77	103.45	126.63	152.09	160.6	176.1209	195.0436	226.7043	242.2402	264.4033
湖北	61.5	73.64	89.08	102.83	133.89	149.5589	164.9223	183.9784	191.0157	205.3785
湖南	65.04	78.05	88	105.75	102.95	115.7689	123.5589	146.9444	164.0394	186.61

续表

地　区	1994	1995	1996	1997	1998	1999	2000	2001	2002	2003
广东	231.61	301.52	369.65	407.78	469.57	669.3849	798.6097	1014.722	1032.327	1109.498
广西	47.26	58.76	65.38	71.71	79.48	95.0824	102.5724	139.4365	131.2732	146.4571
海南	24.24	24.81	25.92	25.05	27.24	29.1712	31.5156	35.0854	36.3797	40.5425
四川	86.95	105.2	176.53	206.03	225.93	242.3156	268.5768	305.5365	331.8923	373.5622
贵州	25.45	31.07	40.4	47.34	51.49	60.5193	66.9931	77.1531	84.6494	93.4447
云南	71.04	90.59	117.82	134.54	139.29	144.0829	153.1141	163.5198	173.3635	184.4269
西藏	1.95	2.09	2.75	3.15	3.62	4.3073	5.0652	5.3587	5.814	6.5387
陕西	37.75	45.44	55.51	64.05	74.13	88.9108	97.2843	114.9958	125.4973	143.1254
甘肃	27.01	31.01	36.77	41.66	46.56	49.0034	51.6624	59.9795	65.4283	72.2434
青海	6.42	7.33	8.08	8.92	9.75	11.5155	13.2793	15.0713	17.1593	19.6271
宁夏	6.76	7.97	10.46	12.23	13.79	15.2674	17.7892	23.7331	21.9106	24.4173

附表 5　1994—2003 年财政支出

单位：亿元

地　区	1994	1995	1996	1997	1998	1999	2000	2001	2002	2003
北京	98.53	154.4028	187.4472	236.394	280.6827	355.1932	442.9969	559.1063	628.3496	734.8043
天津	72.3229	93.3313	113.2066	122.7843	137.9265	157.4122	187.0521	234.6673	265.2103	312.0771
河北	160.84	191.1822	231.8975	270.4603	301.5508	350.7969	415.5374	514.1754	576.5891	646.7439
山西	89.23	112.8924	133.1823	143.5129	164.4083	185.3388	225.0554	289.5027	334.2741	415.6866

附 表

续表

地区	1994	1995	1996	1997	1998	1999	2000	2001	2002	2003
内蒙古	92.82	102.178	126.3825	142.9118	170.3133	199.7964	247.2681	319.257	393.5743	447.2566
辽宁	223.6	273.8331	314.7796	340.6269	390.2863	457.9016	518.0841	635.4295	690.9202	784.3764
吉林	104.59	120.9012	145.5266	167.7548	190.0966	234.6231	260.6694	326.4343	362.617	409.2265
黑龙江	142.4	174.6089	208.8833	220.3829	259.4246	339.0342	381.8736	478.2724	531.8682	564.908
上海	196.92	260.0023	333.1773	408.8139	470.0472	533.5364	608.5621	708.1382	862.3847	1088.4386
江苏	200.17	253.4881	310.9426	364.3605	424.9003	484.6506	591.281	729.6421	860.2526	1047.6812
浙江	153.03	180.2909	213.7083	240.1592	286.8113	344.0424	431.2958	597.2991	749.9039	896.774
安徽	93.27	135.8776	178.7143	207.2408	242.0656	288.6031	323.4728	403.7988	456.8579	507.4398
福建	137.73	171.5798	200.3058	224.3565	254.8863	279.2361	324.1839	373.1855	397.5582	452.301
江西	92.03	110.3381	131.8475	150.157	175.2605	207.8293	223.4722	283.7144	341.3843	382.0981
山东	218.77	275.8656	358.9836	407.7878	487.8175	550.0034	613.0774	753.7781	860.6484	1010.6395
河南	169.62	207.2753	255.2947	284.3717	323.6255	384.3157	445.5295	508.5795	629.1811	716.5978
湖北	137.2	162.4296	197.4425	223.6993	280.1215	336.4552	368.7701	484.4034	511.3895	540.4356
湖南	151.49	173.9446	217.743	230.8151	273.6416	313.124	347.8324	431.6953	533.0229	573.7453
广东	416.83	525.6255	601.2263	682.6619	825.6147	965.899	1080.3189	1321.3314	1521.0792	1695.6324
广西	124.9283	140.5892	157.0121	170.8345	198.3609	224.9775	258.4866	351.6498	419.8575	443.6023
海南	40.01	42.386	45.1649	47.8408	54.9066	56.7831	64.1193	78.9426	92.2574	105.3984
四川	181.31	277.7214	326.7262	376.1085	446.689	513.7346	639.6474	831.6467	1007.4792	1073.8768

续表

地 区	1994	1995	1996	1997	1998	1999	2000	2001	2002	2003
贵州	74.23	85.33	99.5772	111.8288	133.0941	170.7163	201.5698	275.1975	316.6702	332.3547
云南	203.73	235.0993	270.3945	313.2012	328.0023	378.0468	414.1074	496.4302	526.8906	587.3475
西藏	30.2998	34.8749	36.8458	38.1952	45.3225	53.2544	59.9693	104.569	137.8433	145.9054
陕西	85.52	102.6917	121.7909	137.724	166.1955	206.5173	271.7597	350.0506	404.9114	418.2008
甘肃	72.38	81.3908	90.9538	104.3042	125.3382	147.7868	188.2322	235.4643	274.0111	300.007
青海	25.36	28.8021	32.7145	36.4713	44.0914	55.7191	68.2614	101.2951	118.728	122.0438
宁夏	19.38	22.9963	29.5196	33.63	45.1239	49.5346	60.838	93.5787	114.565	105.7793

附表 6 1994—2003 年 GDP

单位：亿元

地区	1994	1995	1996	1997	1998	1999	2000	2001	2002	2003
北京	1084.03	1394.89	1615.73	1810.09	2011.3	2174.5	2478.76	2845.65	3212.71	3663.1
天津	725.14	920.11	1102.4	1235.28	1336.4	1450.1	1639.36	1840.1	2051.16	2447.66
河北	2187.49	2849.52	3452.97	3953.78	4256	4569.2	5088.96	5577.78	6122.53	7098.56
山西	853.77	1092.48	1308.01	1480.13	1486.1	1506.8	1643.81	1779.97	2017.54	2456.59
内蒙古	681.92	832.88	984.78	1099.77	1192.3	1268.2	1401.01	1545.79	1756.29	2150.41
辽宁	2461.78	2793.37	3157.69	3582.46	3881.7	4171.7	4669.06	5033.08	5265.66	6002.54
吉林	936.78	1129.2	1337.16	1446.91	1557.8	1669.6	1821.19	2032.48	2246.12	2522.62
黑龙江	1618.63	2014.53	2402.58	2708.46	2798.9	2897.4	3253	3561	3882.16	4430

续表

地区	2003	2002	2001	2000	1999	1998	1997	1996	1995	1994
上海	6250.81	5408.76	4950.84	4551.15	4035	3688.2	3360.21	2902.2	2462.57	1971.92
江苏	12460.83	10631.75	9511.91	8582.73	7697.8	7200	6680.34	6004.21	5155.25	4057.39
浙江	9395	7796	6748.15	6036.34	5364.9	4987.5	4638.24	4146.06	3524.79	2666.86
安徽	3972.38	3553.56	3290.13	3038.24	2908.6	2805.5	2669.95	2339.25	2003.58	1488.47
福建	5232.17	4682.01	4253.68	3920.07	3550.2	3286.6	3000.36	2583.83	2160.52	1685.34
江西	2830.46	2450.48	2175.68	2003.07	1963	1852	1715.18	1517.26	1205.11	948.16
山东	12435.93	10552.06	9438.31	8542.44	7662.1	7162.2	6650.02	5960.42	5002.34	3872.18
河南	7048.59	6168.73	5640.11	5137.66	4576.1	4356.6	4079.26	3661.18	3002.74	2224.43
湖北	5401.71	4830.98	4662.28	4276.32	3858	3704.2	3450.24	2970.2	2391.42	1878.65
湖南	4638.73	4140.94	3983	3691.88	3326.8	3118.1	2993	2647.16	2195.7	1694.42
广东	13625.87	11735.64	10647.71	9662.23	8464.3	7919.1	7315.51	6519.14	5381.72	4240.56
广西	2735.13	2455.36	2231.19	2050.14	1953.3	1903	1817.25	1697.9	1606.15	1241.83
海南	670.93	597.5	545.96	518.48	471.2	438.9	409.86	389.53	364.17	330.95
四川	7706.88	6846.42	6171.53	5599.59	5191.3	5009.6	4670.21	4164.24	3534	2777.88
贵州	1356.11	1185.04	1084.9	993.53	911.9	841.9	792.98	713.7	630.07	521.17
云南	2465.29	2232.32	2074.71	1955.09	1855.7	1793.9	1644.23	1491.62	1206.68	973.97
西藏	184.5	161.42	138.73	117.46	105.6	91.2	76.98	64.76	55.98	45.84
陕西	2398.58	2101.6	1844.27	1660.92	1487.6	1381.5	1300.03	1175.38	1000.03	816.58
甘肃	1304.6	1161.43	1072.51	983.36	932	869.8	781.34	714.18	553.35	451.66
青海	390.21	341.11	300.95	263.59	238.4	220.2	202.05	183.57	165.31	138.24
宁夏	385.34	329.28	298.38	265.57	241.5	227.5	210.92	193.62	169.75	133.97

附表 7　1994—2003 年人口素质

地区	1994	1995	1996	1997	1998	1999	2000	2001	2002	2003
北京	0.2416	0.2246	0.2278	0.2273	0.2230	0.2237	0.2186	0.2252	0.2279	0.2279
天津	0.2050	0.2125	0.2195	0.2210	0.2204	0.2221	0.2213	0.2303	0.2411	0.2523
河北	0.2191	0.2345	0.2500	0.2637	0.2696	0.2740	0.2776	0.2771	0.2780	0.2758
山西	0.2057	0.2110	0.2180	0.2248	0.2288	0.2332	0.2403	0.2497	0.2662	0.2857
内蒙古	0.2004	0.2032	0.2044	0.2047	0.2019	0.2003	0.2043	0.2095	0.2178	0.2224
辽宁	0.1994	0.2030	0.2040	0.2018	0.1972	0.1989	0.2080	0.2145	0.2191	0.2199
吉林	0.2121	0.2148	0.2160	0.2173	0.2138	0.2143	0.2171	0.2170	0.2193	0.2199
黑龙江	0.2032	0.2067	0.2101	0.2137	0.2154	0.2185	0.2216	0.2215	0.2246	0.2235
上海	0.2137	0.2123	0.2146	0.2050	0.2021	0.2028	0.1880	0.1978	0.2012	0.1938
江苏	0.1832	0.1898	0.1971	0.2022	0.2061	0.2110	0.2186	0.2301	0.2393	0.2466
浙江	0.1818	0.1880	0.1934	0.1905	0.1873	0.1924	0.1981	0.2082	0.2157	0.2194
安徽	0.1898	0.1989	0.2050	0.2109	0.2142	0.2183	0.2256	0.2391	0.2507	0.2560
福建	0.2090	0.2199	0.2385	0.2569	0.2630	0.2635	0.2573	0.2562	0.2539	0.2533
江西	0.2017	0.2072	0.2159	0.2236	0.2269	0.2285	0.2376	0.2415	0.2500	0.2586
山东	0.2072	0.2216	0.2343	0.2420	0.2431	0.2449	0.2478	0.2476	0.2440	0.2389
河南	0.1989	0.2101	0.2238	0.2349	0.2436	0.2536	0.2623	0.2667	0.2821	0.2821
湖北	0.2048	0.2121	0.2201	0.2279	0.2331	0.2378	0.2478	0.2559	0.2653	0.2712

续表

地区	1994	1995	1996	1997	1998	1999	2000	2001	2002	2003
湖南	0.2019	0.2107	0.2205	0.2284	0.2290	0.2283	0.2327	0.2353	0.2397	0.2412
广东	0.2270	0.2341	0.2432	0.2504	0.2549	0.2579	0.2521	0.2630	0.2732	0.2883
广西	0.2231	0.2303	0.2376	0.2414	0.2421	0.2399	0.2411	0.2398	0.2413	0.2403
海南	0.2432	0.2469	0.2502	0.2509	0.2496	0.2519	0.2490	0.2507	0.2588	0.2657
四川	0.2573	0.2689	0.2783	0.2851	0.2943	0.3104	0.3306	0.3458	0.3580	0.3694
贵州	0.1941	0.2003	0.2045	0.2103	0.2111	0.2143	0.2233	0.2348	0.2467	0.2564
云南	0.1814	0.1835	0.1871	0.1919	0.1951	0.1999	0.2058	0.2093	0.2133	0.2174
西藏	0.1272	0.1399	0.1494	0.1560	0.1588	0.1605	0.1708	0.1809	0.1970	0.2154
陕西	0.2102	0.2220	0.2340	0.2436	0.2526	0.2639	0.2786	0.2911	0.3030	0.3095
甘肃	0.1897	0.1930	0.2000	0.2080	0.2149	0.2238	0.2363	0.2502	0.2650	0.2771
青海	0.1791	0.1783	0.1780	0.1785	0.1795	0.1849	0.1924	0.1997	0.2095	0.2199
宁夏	0.2351	0.2328	0.2333	0.2350	0.2341	0.2369	0.2430	0.2469	0.2567	0.2634

附表 8　资本税率计算表

单位：亿元，%

时间	产品税	增值税	营业税	企业所得税	土地使用税	土地增值税
1985	228.921	56.8645	81.26195	515.27	—	—
1986	210.4372	89.39315	100.512	604.2	—	—
1987	205.3051	97.867	116.27	559.9	—	—

续表

时间	产品税	增值税	营业税	企业所得税	土地使用税	土地增值税
1988	185.1581	147.9825	153.1992	658.6	0.51	—
1989	204.1578	165.8696	187.6105	652.8	25.64	—
1990	223.6581	154	198.5638	606.9	31.37	—
1991	242.3229	156.4486	217.14	661.4	31.68	—
1992	266.9013	271.7831	253.588	674.3	30.52	—
1993	316.2467	416.3698	371.9447	634.9	30.31	—
1994	—	888.7109	680.2	687.8	32.5	0.3
1995	—	1001.897	869.4	827.3	33.6	1.1
1996	—	1140.682	1065.4	915.9	39.4	2.5
1997	—	1264.309	1353.4	1074.8	44	4.3
1998	—	1396.957	1608	1038.8	54.2	6.8
1999	—	1494.52	1696.5	1227.2	59.1	8.4
2000	—	1752.97	1885.7	1770.7	64.9	10.3
2001	—	2062.495	2084.7	2634.5	66.2	20.5
2002	—	2378.68	2467.6	2588.6	76.8	37.3
2003	—	2786.068	2868.9	3047.6	91.6	—

附 表

续表

时间	耕地占用税	房产税	车船使用税	车辆购置税	牲畜交易税	契税	印花税
1985	—	0.92	0.23	—	0.49	—	—
1986	—	2.46	0.52	—	0.35	0.30	—
1987	1.40	18.58	5.02	—	0.36	0.45	—
1988	21.16	21.76	5.99	—	0.39	0.68	3.57
1989	16.93	25.79	6.6	—	0.36	0.95	12.56
1990	14.57	31.71	7.01	—	0.36	1.18	9.88
1991	17.86	37.22	7.74	—	0.43	1.89	10.21
1992	29.22	41.78	8.41	—	0.35	3.61	14.1
1993	29.35	49.15	9.96	—	0.41	6.21	35.09
1994	36.47	60.3	11.3	—	—	11.82	61.8
1995	34.54	81.7	13.4	—	—	18.26	46.8
1996	31.20	102.2	15.1	—	—	25.20	146.7
1997	32.49	123.9	17.2	—	—	32.34	266.3
1998	33.35	159.8	19.1	—	—	58.99	238.5
1999	33.03	183.5	20.9	—	—	95.96	282.3
2000	35.32	209.6	23.4	254.8	—	131.08	521.9
2001	38.33	228.6	24.6	363.5	—	157.08	337
2002	57.34	282.4	28.9	474.3	—	239.07	179.4
2003	89.90	323.9	32.2	—	—	358.05	215

续表

时间	资源税	城市维护建设税	烧油特别税	固定资产投资方向调节税	资本征税	资本收入	资本税率
1985	16.64	46.86	17	—	964.4575	3198.757	30.15
1986	18.62	56.7	16.22	—	1099.712	3262.912	33.70
1987	20.96	62.93	15.12	—	1104.162	4269.162	25.86
1988	20.79	75.47	14.02	—	1309.28	5155.48	25.40
1989	20.51	86.42	11.82	—	1418.018	5867.918	24.17
1990	22.1	92.4	11.42	—	1405.122	4837.422	29.05
1991	21.41	100.27	9.95	11.47	1527.441	5720.141	26.70
1992	23.73	114	7.17	29.8	1769.262	7269.362	24.34
1993	25.62	147.89	1.59	38.48	2113.521	9866.721	21.42
1994	45.5	176.3	—	43.2	2735.901	12925.92	21.17
1995	55.1	212.1	—	53.6	3247.997	15565.52	20.87
1996	57.3	245.1	—	63.3	3848.582	18070	21.30
1997	56.6	272.3	—	78.3	4618.439	19966.92	23.13
1998	61.9	295	—	107.6	5076.497	20460.72	24.81
1999	62.9	315.3	—	130.5	5608.51	21983.97	25.51
2000	63.6	352.1	—	46.1	6865.77	25115.6	27.34
2001	67.1	384.4	—	15.6	8365.705	28090.63	29.78
2002	75.1	470.9	—	8	9236.79	31831.83	29.02
2003	83.1	550	—	4.8	10962.72	38100.9	28.77

附表 9 消费税率计算表

单位：亿元，%

时间	流转税部分	消费税	农业特产税	屠宰税	筵席税	集市交易税	特别消费税	盐税	消费征税	最终消费	消费税率
1985	626.3641	—	—	2	—	0.25	10.01	—	638.6241	5773	11.06
1986	671.7431	—	0.00	2.06	—	0.48	—	10.85	685.1331	6542	10.47
1987	688.5387	—	0.00	2.08	—	0.81	—	8.57	699.9987	7451.2	9.39
1988	804.6711	—	4.95	1.92	0.01	1.31	—	8.67	821.5311	9360.1	8.78
1989	928.4308	—	10.25	2.25	0.08	1.85	18.36	9.61	970.8308	10556.5	9.20
1990	927.9416	—	12.49	2.71	0.04	2.04	17.85	8.34	971.4116	11365.2	8.55
1991	988.6579	—	14.25	2.41	0.04	2.64	10.81	8.37	1027.178	13145.9	7.81
1992	1269.693	—	16.24	2.83	0.03	3.52	15.32	8.12	1315.753	15952.1	8.25
1993	1678.359	—	17.53	2.73	0.01	1.24	13.28	7.87	1721.019	20182.1	8.53
1994	1324.987	502.4	63.69	7.5	0.01	—	—	—	1898.587	26796	7.09
1995	1496.34	554.3	97.17	16.1	0.04	—	—	—	2163.95	33635	6.43
1996	1733.244	634	131.00	20.6	0.2	—	—	—	2519.044	40003.9	6.30
1997	1911.241	704	150.27	23.9	0.3	—	—	—	2789.711	43579.4	6.40
1998	2129.906	828.5	127.79	26.7	0.3	—	—	—	3113.196	46405.9	6.71
1999	2333.004	845.3	131.43	28.6	0.4	—	—	—	3338.734	49722.7	6.71
2000	2782.68	863.9	130.74	31.8	0.4	—	—	—	3809.52	54600.9	6.98
2001	3201.871	931.2	121.97	24.7	0.1	—	—	—	4279.841	58927.4	7.26
2002	3595.823	1046.6	99.95	9.9	—	—	—	—	4752.273	62798.5	7.57
2003	4016.28	1183.2	89.60	2.3	—	—	—	—	5291.38	67442.5	7.85

附表 10　劳动税率计算表

单位：亿元，%

时间	个人所得税	农牧业税	社会保险基金收入	劳动征税	劳动报酬	劳动收入	劳动税率
1985	1.32	42.05	—	43.37	4331.4	4374.77	0.99
1986	5.25	44.22	—	49.47	5415.7	5465.17	0.91
1987	6.17	48.96	—	55.13	5879.4	5934.53	0.93
1988	8.68	46.90	—	55.58	7571.1	7626.68	0.73
1989	17.12	56.81	153.5543	227.4843	8411.7	8639.184	2.63
1990	21.13	59.62	186.7909	267.5409	9806.27	10073.81	2.66
1991	25.11	56.65	224.971	306.731	11027.82	11334.55	2.71
1992	31.43	70.10	377.4233	478.9533	12970.55	13449.5	3.56
1993	46.74	72.65	526.0705	645.4605	17332.81	17978.27	3.59
1994	72.7	119.51	742.0441	934.2541	23235.82	24170.07	3.87
1995	131.5	128.12	1006.0262	1265.646	30453.77	31719.42	3.99
1996	193.2	182.06	1252.4304	1627.69	36622.2	38249.89	4.26
1997	259.9	182.38	1458.1556	1900.436	40628.24	42528.68	4.47
1998	338.6	178.67	1623.0891	2140.359	43988.95	46129.31	4.64
1999	414.3	163.08	2211.8476	2789.228	45926.43	48715.66	5.73
2000	660.4	168.17	2644.5037	3473.074	49948.07	53421.14	6.50
2001	996	164.32	3101.8992	4262.219	54934.65	59196.87	7.20
2002	1211.1	321.49	4048.6627	5581.253	60099.14	65680.39	8.50
2003	1417.3	334.22	4882.9	6634.42	67260.689	73895.11	8.98

附 表

单位：亿元

附表 11　国债经济效应原始数据表

年份	DEBT	GDP	GI	PI	GC	TR	DB
1981	48.66	4862.4	269.76	654.88	705.0	181.13	—
1982	43.83	5294.7	279.26	890.63	770.0	193.65	—
1983	41.58	5934.5	339.71	1023.84	838.0	221.41	—
1984	42.53	7171	421	1341.24	1020.0	243.5	—
1985	60.61	8964.4	407.8	2043.92	1184.0	292.94	—
1986	62.51	10202.2	455.62	2527.67	1367.0	293.06	293.07
1987	63.07	11962.5	496.64	3113.09	1490.0	332	391.53
1988	92.17	14928.3	431.96	4046.53	1727.0	358.59	558.64
1989	56.07	16909.2	366.05	3753.27	2033.0	423.15	769.33
1990	93.46	18547.9	393.03	3839.36	2252.0	435.84	890.34
1991	199.30	21617.8	380.43	4895.18	2830.0	441.09	1059.99
1992	395.64	26638.1	347.46	7263.98	3492.3	388.09	1282.72
1993	314.78	34634.4	483.67	11634.35	4499.7	374.57	1540.74
1994	1028.57	46759.4	529.57	14743.58	5986.2	409.61	2286.40
1995	1510.86	58478.1	621.05	17102.36	6690.5	480.35	3300.30
1996	1847.77	67884.6	625.88	19341.02	7851.6	581.94	4361.43
1997	2412.03	74462.6	696.74	21560.47	8724.8	694.1	5508.93
1998	3228.77	78345.2	1197.39	24591.78	9484.8	883.38	7765.70
1999	3702.13	82067.46	1852.14	25995.79	10388.3	877.52	10542.00
2000	4153.59	89468.1	2109.45	29112.04	11705.3	1255.31	13674.00
2001	4483.53	97314.8	2546.42	32936.34	13029.3	1008.19	15618.00
2002	5660.00	105172.34	3160.96	38253.97	13916.9	1018.04	19336.10
2003	6029.24	117251.9	2687.82	50279.44	14764.0	1116.1	22603.50

附表 12　财政政策就业效应原始数据　　单位：万人、亿元、亿美元

	LABOR	LABOR2	LABOR3	GDP	FDI	YSG	T	YSWG
1983	46436	8679	6606	5934.5	6.36	1366.95	775.59	875.81
1984	48197	9590	7739	7171.0	12.58	1642.86	947.35	1114.74
1985	49873	10384	8359	8964.4	16.61	2004.82	2040.79	1375.03
1986	51282	11216	8811	10202.2	18.74	2122.01	2090.73	1578.37
1987	52783	11726	9395	11962.5	23.14	2199.35	2140.36	1840.75
1988	54334	12152	9933	14928.3	31.94	2357.24	2390.47	2145.27
1989	55329	11976	10129	16909.2	33.92	2664.90	2727.40	2503.1
1990	64749	13856	11979	18547.9	34.87	2937.10	2821.86	2707.06
1991	65491	14015	12378	21617.8	43.66	3149.48	2990.17	3092.26
1992	66152	14355	13098	26638.1	110.07	3483.37	3296.91	3649.9
1993	66808	14965	14163	34634.4	275.15	4348.95	4255.30	1314.3
1994	67455	15312	15515	46759.4	337.67	5218.10	5126.88	1710.39
1995	68065	15655	16880	58478.1	375.21	6242.20	6038.04	2331.26
1996	68950	16203	17927	67884.6	417.25	7407.99	6909.82	3838.32
1997	69820	16547	18432	74462.6	452.57	8651.14	8234.04	2685.54
1998	70637	16600	18860	78345.2	454.63	9875.95	9262.80	2918.31
1999	71394	16421	19205	82067.5	403.19	11444.08	10682.58	3139.14
2000	72085	16219	19823	89468.1	407.15	13395.23	12581.51	3529.01
2001	73025	16284	20228	97314.8	468.78	16386.04	15301.38	3850
2002	73740	15780	21090	105172.3	527.43	18903.64	17636.45	3831
2003	74432	16077	21809	117251.9	535.05	21715.25	20017.31	4156.36

附表 13　财政政策价格决定效应分析数据

单位:%、亿元

年份	Inflation	Govexp	Deficit	M2	GDP
1978	0.7	1132.26	-10.17	1179.63	3624.1
1979	2	1146.38	135.41	1480.61	4038.2
1980	6	1159.93	68.9	1889.92	4517.8
1981	2.4	1175.79	-37.38	2299.92	4862.4
1982	1.9	1212.33	17.65	2666.92	5294.7
1983	1.5	1366.95	42.57	3193.59	5934.5
1984	2.8	1642.86	58.16	4442.87	7171.0
1985	8.8	2004.82	-0.57	5198.83	8964.4
1986	6	2122.01	82.9	6720.9	10202.2
1987	7.3	2199.35	62.83	8330.9	11962.5
1988	18.5	2357.24	133.97	10099.8	14928.3
1989	17.8	2664.90	158.88	11949.6	16909.2
1990	2.1	2937.10	146.49	15293.7	18547.9
1991	2.9	3149.48	237.14	19349.9	21617.8
1992	5.4	3483.37	258.83	25402.2	26638.1
1993	13.2	4348.95	293.35	34879.8	34634.4
1994	21.7	5218.10	574.52	46923.5	46759.4

续表

年份	Inflation	Govexp	Deficit	M2	GDP
1995	14.8	6242.20	581.52	60750.5	58478.1
1996	6.4	7407.99	529.56	76094.9	67884.6
1997	0.8	8651.14	582.42	90995.3	74462.6
1998	-2.6	9875.95	922.23	104498.5	78345.2
1999	-3	11444.08	1743.59	119897.9	82067.5
2000	-1.5	13395.23	2491.27	134610.4	89468.1
2001	-0.8	16386.04	2516.54	158301.9	97314.8
2002	-1.3	18903.64	3149.51	185007	105172.3
2003	-0.1	21715.25	2934.7	221222.8	117251.9

后　记

　　这本书是在我博士论文的基础上进行修改后完成的。2003年我师从东北财经大学数量经济学博士生导师王维国教授，开始了我的宏观经济数量分析方法的学习和研究之路。在攻读硕士和博士期间，我研究的兴趣点一直在宏观经济方面。读博期间，跟随导师参与了他所主持的几个国家级课题，也都是宏观经济数量分析方面的，其中重要的一部分是经济增长。在世界经济增长率减缓的大背景下，中国经济持续保持着较高的增长率，这和我国政府所运用的恰当的的财政政策和货币政策是分不开的。1998年亚洲金融危机，我国政府实施了积极的财政政策，对于拉动陷入通货紧缩的经济，促进经济增长起到了有力的推动作用。2004年我国政府又根据经济形势发展的需要将积极财政政策转变为稳健的财政政策。2008年由美国的次贷危机引发的全球性的金融危机使得我国再次将财政政策从稳健变为积极。应对经济危机，财政政策更为有效。作为宏观调控的重要手段之一，财政政策的目标和宏观经济政策的目标是一致的，也即实现经济增长、充分就业和物价稳定。那么在我国经济发展的过程中，财政政策对于经济增长、就业和价格稳定具有什么样的影响？如何对财政政策的具体效果进行全面的量化分析？正是基于这样的分析和考虑，我将博士论文的研究定在测度我国财政政策的效应。

　　本书的成稿，首先要深深感谢我的导师王维国教授的精心栽培和悉心指导。从论文选题到最终成稿,字里行间都凝结着他的心血。三年来,王老师在学术上治学严谨,精益求精;在工作中满腔热忱,不知疲倦。这些都是我终生学习的榜样!特别值得提及的是,导师和师母对我无微不至的关心,使我在异地求学倍感家的温暖。同时我还要真诚地感谢东北财经大学王庆石教授、高铁梅教授、夏少刚教授、郭多祚教授和孙开教授,他们对我毕业论文在撰写过程中所给予的指导、关心和帮助,使我终生难忘。感谢我博士在读期间的所有同学,他们的关怀和鼓励使我在收获友谊的同时,也收获着建议和帮助。

在本书即将出版之际,我要深深地感谢北京工商大学经济学院的领导和同事们,感谢他们营造了良好而宽松的学术氛围、友好而真诚的工作环境,使我在工作中不断地感受着进取的动力;感谢他们在生活上给予我的无私的关怀和帮助,我能够幸运地成长和进步到今天,离不开他们的帮助和支持!

最后我要将我最深的感谢和挚爱献给我的家人!他们无私的支持和博大的亲情,始终激励着我在人生的道路上俯首前行。父母双亲用他们的辛劳、汗水和渐行渐老换取我的成长、发展和臻于有知;先生杨永强在我的求学和工作中,总是鼓励我、支持我、鞭策我,使我不断上进。他们的鼓励和支持一直伴随着我,并永远是我不断进取的动力。

驻笔之际,艰苦细致的研究和撰写工作终于告一段落。回首过去,有成功也有失败,有喜悦也有沮丧,有收获也有放弃。如此复杂多样的感情经历使得生命在这段河流中是如此风光旖旎!三年美好的求学时光,三年充满奋斗激情的工作岁月,是人生中无比宝贵的财富,并将使我终生受益!

学海无涯,虽然书稿已经完成并将付梓出版,但关于财政政策效应的研究还有待于我做进一步的探索。2008年开始的这场经济危机还未过去，对于我国财政政策如何更有效地发挥其效应的研究还有待吾辈在接下来的研究中做深入的探索和研究。应该指出，由于本人水平有限，书中片面之词、肤浅之见甚至是错误在所难免，还请读者批评赐教。

杨晓华

2009 年 5 月 30 日